내 고향 사투리의 뿌리

팔도말모이

위평량 지음

정겨운 토속어의 지역별 사용 양상과
이들이 걸어 온 유래와 발자취를 따라서
우리말 전체 모습을 한눈에 보다.

21세기사

추천의 글

여러분이 프랑스어나 독일어를 모른다고 하자. 어느 날 프랑스 사람이나 독일 사람이 여러분에게 와서 말을 걸면서 무엇인가를 알려달라는 몸짓을 한다면, 그 말을 알아듣고 물음에 대한 답을 해 줄 수 있겠는가? 그럴 수 없을 것이다. 그런데 이번에는 한국 사람이 와서 말을 걸면서 무엇인가를 알려달라고 하면, 어떻게 할까? 그때는 주저 없이 그 사람의 물음에 답을 해 줄 것이다.

앞의 경우는, 여러분이 프랑어나 독일어를 모르기 때문이고 뒤의 경우는, 여러분이 한국어를 알기 때문이다. 이 간단한 이유를 아는 것만으로 끝난다면, 매우 중요한 문제를 놓치는 것이다. 그 중요한 문제는 물음을 이해하고 답해 줄 수 있는 '생각'이, 앞의 경우에는 머리 속에 없고, 뒤의 경우에는 머리 속에 있기 때문이다. 이 말을 종합하면, 결론은 '언어'가 '생각'을 형성하고 '생각'을 전달한다는 것이다.

문화 인류학에서는 '문화'를 사람의 '생각'이 보이게 드러난 것으로 규정하고 '문화'를 이해하기 위해서는 먼저 그 문화를 형성한 '언어'를 이해해야 한다고 한다. 이것은 '언어'가 단순히 '생각'을 형성하고 전달하는 기능 외에 '문화'를 형성하는 기능도 가지고 있다는 것을 말해준다.

이 말을 '한국어'에 적용하면, 한국어는 한국 사람의 '생각'을 형성하고 한국 사람의 '생각'을 전달하는 기능 외에 '한국 문화'를 형성하는 기능도 가진다. 그런데 국내를 여행해본 사람은 '한국어'가 도(道)마다 다르고 한 도 안에서도 군(郡)마다 다르다는 것을 알게 된다.

지역에 따라 달라지는 언어를 '방언'이라고 할 때, 그러한 사실은 '한국어'가 하나의 단일한 언어가 아니라 크고 작은 방언으로 구성되어 있다는 것을 말해 준다. 그리고 그 사실은 서로 다른 방언을 사용하는 지역 주민들 사이에는 '생각'에 차이가 있고, 서로 다른 '생각'의 차이에서 나타나는 '문화'에도 차이가 있다는 것을 말해준다.

그러므로 한국 사람이 서로 다른 지역 주민들과 원활한 의사소통을 하고 서로 다른 지역 문화를 이해하기 위해서는 서로 다른 방언을 이해해야 할 필요가 있다.

《팔도 말모이》는 이러한 목적에서 저술되었다. 한 장의 방언지도를 그리기 위해서는 각 단어에 대한 방언형을 수집하고 수집된 자료를 분류하고 정리해야 한다. 그리고 단어마다 실물을 보이기 위해 그 실물의 사진을 찍거나 그림을 찾아야 한다. 각 단어의 역사적 변화형을 수집하기 위해서는 고어사전이나 기존의 연구 논저나 문헌을 찾아야 한다. 그리고 각 방언형의 형성과정을 서술해야 한다. 거기에 해당 방언형이 실제로 사용된 예를 찾아야 한다.

72개의 단어마다 그러한 작업 과정을 거쳐야 한다는 것을 생각할 때, 이 책의 원고를 완성하기까지 저자가 얼마나 오랜 기간을 애써왔는가를 알 수 있다. 이러한 저자의 노력과 학구열에 경의를 표한다.

이 책의 내용은 초·중·고등학교 학생은 물론 일반인들도 쉽게 이해할 수 있다. 독자는 이 책에서 하나의 표준어 단어가 전국에 어떤 방언형으로 분포하고 있는가를 알 수 있다. 그 결과 독자는, 표준어 단어 하나에 대한 단일한 생각에서 벗어나 여러 방언형에 대한 다양한 생각을 하게 될 것이다. 그리고 그 다양한 생각을 점차 확대함으로써 서로 다른 지역 주민과 자유로운 의사소통을 할 수 있을 것이며 서로 다른 지역의 문화를 이해할 수 있게 될 것이다. 이것이 이 책을 추천하는 하나의 이유이다.

그리고 이 책은 중·고등학교 국어 교사들에게 '국어'를 가르치면서도, 자기가 알고 있는 방언이나 자기가 봉직하고 있는 지역의 방언을 수집하고 연구할 수 있다는 용기를 가지게 할 것이다. 이것이 이 책을 추천하는 다른 하나의 이유이다.

이러한 이유로 필자는 전국의 학생들과 국어 교사들, 그리고 일반인 모두에게 이 책을 읽어 보기를 권하면서 다시 한 번 이 책을 추천한다.

 북한에서는 '큰아버지(클아바이, 크라바지)'가 할아버지를 부르는 말이고, 우리가 먹는 '고추'를 '댕가지(당나라에서 온 가지)'라고 한다는 사실을 아는 남한 사람들은 얼마나 될까?

 또 함경도에서는 '해바라기'를 '해자부리'라고 하고, 평안도에서 '해갸우리'라고 한다면 많은 사람들은 의아한 표정을 지을 것이다. '해자부리'는 해를 보고 '졸다(자불다)'는 의미이고 '해갸우리'는 해를 보고 '고개를 갸웃하고(갸우뚱하고)' 있다는 뜻인데, 이렇듯 우리나라 각 지역마다 하나의 같은 사물을 명명하는 색다른 관점이 자못 흥미롭기만 하다.

 30년이 넘는 시간, 방언을 연구한다는 저자조차도 우리말의 전국적인 쓰임새를 한눈에 살펴보기 위해 남북한 방언 지도를 그려보면서 사뭇 놀랐었다. 어휘의 분포는 말할 것도 없고 각 지역별 색채가 다른 말들에 대해서도 나는 그동안 너무나 많은 것을 모르고 있었던 것이었다. 어떤 말이 대략 어느 지역적인 범위로 사용되고 있는지, 그리고 그 변화의 양상은 어떤 방향으로 흘러가는지 하는 점에 대해서도 겨우 어렴풋하게 알고 있을 뿐이었다. 언어지도를 보고 나서야 그나마 우리말의 대략을 짐작할 수 있게 되었다.

앞으로 우리는 같은 한민족으로서 남북의 교류가 본격화하여 통일을 맞이할 미래를 대비하여야 하고, 또 전국의 동서·남북 어느 지역이나 가깝게 왕래하며 서로를 잘 이해하기 위해서라도 지역별로 조금씩, 혹은 상당한 차이를 가진 우리말에 대한 지식을 어느 정도 갖추어야 할 것으로 생각된다. 더욱이 수백, 수천 년을 이어온 온갖 삶의 정서와 애환이 담겨 있는 자기 고향의 토속어를 이해하고 여기에 담긴 문화적인 요소들을 물려받고 이어가는 일은 너무나 당연히 갖추어야 할 기본 소양이요 책무라고 생각한다.

저자는 이런 점에서 자라나는 학생이나 일반인 누구라도 사라져가는 자기 지역의 토속어뿐만 아니라 각 지역별로 우리말이 어떻게 쓰여지고 있는지 대략적인 모습을 알아야 하고, 또 그 말들이 생겨난 유래나 문화적인 배경 등은 어떠한지를 알기 쉽게 접할 수 있는 방법이 없을까를 생각해 오다 이 책을 구상하게 되었다. 그리하여 좀 더 많은 사람들에게 잊혀가는 자기 고장의 토속어에 관심과 애착을 가질 수 있고, 또 다른 지역의 말과도 비교할 수 있을 뿐만 아니라, 아울러 우리의 전통 생활 언어의 뿌리나 그 문화적인 원천 등에 대하여 좀 더 알기 쉽고 친숙하게 다가갈 수 있을 것이라 본다.

사실 하나의 민족을 규정짓는 문화적 요소 중에서 언어만큼 큰 비중을 차지할 수 있는 것은 없다. 이런 점에서 자손 대대로 소중하게 물려받은 선조들의 삶의 애환과 정서를 오롯이 담고 있는 우리말의 전모를 알고 또 자신이 나고 자란 고향의 언어와 그 뿌리를 찾아보는 일은 얼마나 숭고하고 아름다운 일인가.

사실 현재 표준어로 제정되어 우리가 사용하는 말은 사실 우리말의 전체 모습을 생각해 본다면 극히 한정된 지역에서 사용되는 한국어의 일부분에 지나지 않는다고 말할 수 있다. 우리 한민족의 언어를 대표하는 말이라면 모름지기 수천 년을 이어 왔을 각 지역별 토속어를 모두 아우를 수 있는 이상적인 공용어를 제시하여야 하나 사실 그것은 희망 사항에 불과하다. 더욱이 이러한 점을 감안해 본다면 우리말을 좀 더 거시적, 포괄적으로 바라보고 전체적인 분포와 변화의 방향, 그 속에 담긴 지역민들의 문화적인 특성 등을 간직한 지역별 토속어를 한눈에 살펴보는 일은 꼭 필요한 일이라고 생각한다.

이 책의 집필 과정에는 저자가 오랜 시간 수집하고 지역별로 비교 정리한 자료를 담기도 하였지만, 지도를 만들고 말뿌리를 더듬어 보는 데 있어서는 그 동안 선학들이 수십 년간 모으고 연구한 자료를 토대로 하였음을 밝혀 둔다. 기나긴 세월 헌신적으로 채록된 전국의 도 단위, 군 단위로 발간된 방언사전 및 연구서를 참고하였고, 말의 어원과 문화의 원형을 찾는 데 있어서는 그 동안 금자탑처럼 쌓아 놓은 선학들의 연구 업적이 없었다면 불가능한 일이었을 것이다. 특히 남한의 방언 자료는 한국정신문화연구원에서(1980년대) 본격적으로 수집, 정리한 자료인 〈한국방언자료집〉을 바탕으로 면밀한 검토를 하였고, 북한의 자료는 남북의 교류가 자유로웠던 광복 이전부터 수집하여 최근까지 정리한 사전과 연구자료를 바탕으로 하였으며, 현재 남한에 거주하는 전체 5개 도(함경남·북도, 평안남·북도, 황해도)의 북한 출신 방언 화자들을 차례로 직접 찾아 만나면서 이들 자료를 검증하고 보완하였다.

물론 동시대에 채록, 정리된 남북한의 방언 자료는 현재로서는 완벽하게 보존되어 있지 못하다고 할 것이다. 다소의 시간 간격이 존재하고 여러 가지 한계로 인하여 남북한 자료를 대등한 조건에서 다룰 수 없는 경우가 있을지라도 이런 방식으로나마 방언 자료를 모아 전국적인 지도 제작을 하여 일반인들이 접할 수 있게 저자나름대로 최선을 다했다는 점으로 만족하고자 한다.

　이 책에서는 우리의 전통문화와 가장 밀접하고 보편적으로 빈번하게 사용되어 왔던 기초 생활 어휘 72개를 골라 그것의 전국적 분포를 알기 쉽게 한눈에 볼 수 있도록 제시하고, 각 어형별로 개략적인 말의 어원과 문화적인 뿌리를 찾아보려 노력하였다. 그리하여 우리말의 역사와 국어의 변천 등을 공부하는 학생들이나 지역 토속어에 관심이 있는 일반인 독자 누구든지 이러한 말들이 생겨난 유래를 더듬어 보고, 또 우리말 변화의 모습과 지역별 분포에 대한 이해를 돕고자 하였다. 물론 말의 어원과 문화적 뿌리를 완벽하게 밝히는 작업은 결코 쉬운 일이 아니다. 아직도 학자 간의 이견이 있을 뿐만 아니라 끝내 풀 수 없는 경우도 많다. 이러한 경우 되도록 가장 보편적인 견해를 따라 일반인 누구든 알기 쉽게 이해할 수 있는 수준에서 제시하려 노력하였다.
　각 지역의 토속어, 하나의 표준어에 제시된 각 지역 방언은 매우 다양한 모습을 보여준다. 그것은 그 지역의 생활 풍습과 지형적인 특색, 그리고 역사, 문화적인 차이를 그대로 반영한 결과를 보여주는 것이기 때문에 이러한 여러 지역 방언의 모습을 특히 지도상의 분포를 통하여 가장 오랜 고어 형태를 간직하고 있는 말과 개신형과의 관계를 더듬어 볼 수 있고, 또 우리말이 어떻게 변해 왔는지 하는 점도 짐작할 수 있을 것이다.
　책의 구성은 먼저 가나다 순으로 된 72개의 표제어(표준어)에 대한 남북한 언어지도를 같은 유형의 어휘 분포도를 따라 같은 모양으로 채색하여 전국적인 방언 분포의 모습을 한눈에 쉽게 볼 수 있도록 하였다. 그런 다음 표제어 어휘의 역사적 변화의 모습을 시대순으로 알기 쉽게 표를 만들어 정리하였다. 본문에서는 각 지역별로 사용되는 토속어에 대하여 그 어휘의 생성 유래와 변화의 과정을 알기 쉽게 풀이함으로써 일반인 누구나 좀 더 친밀감과 애착을 가지고 지역 토속어에 대한 이해를 돕고자 하였다.

그리고 모든 어휘의 본문 맨 마지막 부분에는 지역별 토속어에 해당하는 사용 용례를 찾아서 '현장 구술 담화'를 제시하였다. 이 내용은 지역민들의 언어 사용의 모습뿐만 아니라 생활 풍속 등을 생생하게 느껴 볼 수 있도록 하기 위하여 1980~1990년대 채록된, 한국정신문화원에서 발간한 〈한국구비문학대계〉의 원문(설화, 민요)을 간략하게 압축하여 각 지역별 제보자의 목소리를 변형 없이 그대로 실어 놓았다. 이를 통하여 독자들은 해당 어휘 요소만이 아니라 지역민들이 겪으며 살아온 전통적인 삶의 모습과 민속, 지역민의 정서를 확인하게 될 것이다.

이 책을 만드는 데 있어서 특히 지도상에 비슷하거나 같은 말을 사용하는 지역을 묶음으로 분류하며 선명하게 채색을 하는 과정은 그렇게 호락호락하지 않았다. 무엇보다 도 단위의 넓은 지역에서 여러 어휘가 함께 사용되는 것은 불가피한 일인데, 각 도의 대표형을 끄집어내는 일도 쉽지 않았을 뿐만 아니라 방언 어휘의 분포를 칼로 무를 자르듯 쉽게 구분하기는 정말 힘든 일이기 때문이다. 다만 일반인 누구든지 쉽고 빠른 이해를 돕기 위해서 조사된 방언자료의 빈도수를 고려하고, 인접 방언과의 연계성을 고려하여 그 쓰임의 구획을 나누는 데 심혈을 기울였다.

책의 방언권을 구분할 때는 오랫동안 사용되어 온 6개의 방언구획, 즉 서북방언(평안도), 동북방언(함경도), 중부방언(황해도, 경기도, 강원도, 충청도), 서남방언(전라도), 동남방언(경상도), 제주방언(제주도)의 관점에서 기술하고, 필요에 따라서는 14개 도(道)의 명칭을 살려서 사용할 때도 있을 것이다.

아무쪼록 저자는 이 책으로 인하여 한 사람이라도 더 우리말의 본 모습과 소중한 각 지역별 특징적인 토속어의 사용 양상과 전통문화의 뿌리에 대한 관심을 갖게 된다면 그 이상 바랄 것이 없겠다. 특히 급변하는 현실에서 시간이 지날수록 전통문화와 토속 언어와도 멀어져가는 환경에 놓인 자라나는 젊은 세대들이 이 책을 통하여 자기가 사용하는 말뿐만 아니라 한국어 전반에 대한 관심을 갖고 지식을 쌓는 데 조금이라도 도움이 되었으면 하는 바람이다.

이 책이 나오기까지 기꺼이 추천서를 써 주신, 배움의 길에 눈을 뜨게 해 주셨던 박사과정 심사위원장 최명옥 선생님께 다시 한번 감사의 말씀을 드린다. 그리고 성심껏 원고를 검토해 주신 이기갑 선생님과 서상준 선생님, 손희하 선생님께도 이 자리를 빌려 사의를 표한다. 오랫동안 관심을 가지고 책을 출판하도록 용기를 주신 박평수 선배님, 21세기사 이범만 사장님의 배려에도 심심한 감사의 마음을 전한다.

늘 새로운 마음으로 글을 쓰는 자세를 되돌아보도록 조언해 준 아내에게 얼른 이 책을 보여주고 싶다.

[지도] 우리나라 6개 방언 구획(14도)

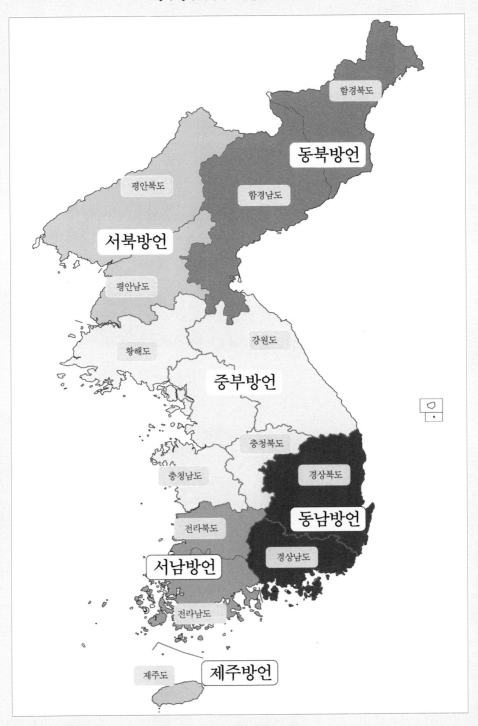

함경북도

동북방언

평안북도

함경남도

서북방언

평안남도

강원도

황해도

중부방언

충청북도

충청남도

경상북도

동남방언

전라북도

서남방언

경상남도

전라남도

제주도   제주방언

| 목차 |

1. 가위

강애.강아
가우.가새

가새

가새

강애.강아
가우.가새

가위.가우
가새.가웨

가새.가우
깍개.가이
가위.까새

가위.가새

가새
가우

가시개.가새
가웨.가위

가새.가우

가시개
가새.가시

가새.가우

가시개
가새

가새

우리 삶의 일부로서 뗄 수 없는 관계에 있는 필수품인 '가위'는 오랜 시간 우리 민족과 함께해 왔다.

지도에서 보듯이 전국적으로 가장 보편적으로 쓰이는 말은 '가새'이다. 그리고 남부방언(전라도, 경상도)을 중심으로 '가시개'가 분포하고 있는 것을 볼 수 있다. 또 서북방언(평안도)에서는 '강애', '가우' 등이 보이고, 중부방언 위주로 '가위'가 주로 사용되고 있다. '가위'는 처음 어떤 의미로 생겨났으며 또 이들 변이형들은 어떤 과정으로 변화하여 온 것일까?

1 가위, 가새

한글 문헌에 등장하는 '가위'의 가장 오랜 옛말은 중세국어의 'ᄀᆞᆯ애(15세기)', '가새(16세기)'였다.

'ᄀᆞᆯ애', 'ᄀᆞ새'는 'ᄀᆞᆯ+애'로 나누어 볼 수 있는데, 당시의 'ᄀᆞᆽ다(ᄀᆞᆯ다)'는 '자르다(切, 割)'는 뜻을 가지고 있었다. 그래서 'ᄀᆞᆯ애', 'ᄀᆞ새'는 'ᄀᆞᆽ다(ᄀᆞᆯ다-자르다)'의 어간 'ᄀᆞᆽ(ᄀᆞᆯ)-'에 '도구'를 뜻하는 접미사 '-애'가 합하여 'ᄀᆞᆽ(ᄀᆞᆯ)애>ᄀᆞ새>가새'가 된 것이다. 그래서 '가새'는 기원적으로 '자르다', '베다'는 의미를 지닌 중세국어에 'ᄀᆞᆽ(ᄀᆞᆯ)다'에 뿌리를 두고 있으며, 'ᄀᆞᆯ애', 'ᄀᆞ새'는 '물건을 자르는 도구'라는 뜻임을 알 수 있는 것이다.

표준어의 '가위'는 'ᄀᆞ새'의 ㅿ이 약화, 탈락되었지만, '가새'는 옛날 모습 △(ㅅ)의 흔적을 그대로 간직한 고어 형태를 보이고 있다.

2 가시개

　주로 경상도, 전라도에서 사용되는 '가시개'도 옛말 'ᄀᆞᆽ(ᄀᆞᆾ)다(자르다)'에서 'ᄀᆞᆽ(자르다)+이+개(접미사)'의 모습인데, '가새'와 다른 점은 접미사가 '-애'가 아닌 '덮개', '지우개'처럼 '도구'를 나타내는 명사화 접미사 '-개'가 사용되었다는 점이다. 그리고 'ᄀᆞᆽ-'과 '-개' 사이의 '-이-'는 '녹이다', '붙이다'처럼 '사동'의 뜻을 더하는 사동접미사로 보는 견해도 있으나, 그냥 음운변이로 처리하는 것도 좋을 듯하다. 역시 '자르는 도구'라는 뜻이다.

　고려시대 우리말을 모아 놓은 책 『계림유사(12세기)』에는 '가위'가 '割子蓋'라고 실려 있는데, 학자들은 당시 음이 [가시개]와 가장 비슷하다고 보고 있다. 그렇게 본다면 '가시개'는 '가위'의 가장 오래된 고어 형태가 지금까지 전해 내려오고 있는 말이라고 보아도 좋을 것 같다.

　강원도에서 보이는 '깍개'는 '가시개', '까시개' 등이 나중에 머리 등을 '깎는다(削)'에 유추되어 '가시개>깟개>깍개'로 변한 것이 아닌가 생각된다.

3 강애

　서북방언(평안도)에서 쓰이고 있는 '강애'는 '가새>가애>강애'로 ㅅ이 탈락하고 ㅇ이 첨가된 모습이다. 이러한 ㅇ첨가의 모습은 지역 방언 '또아리>똥아리(똬리)'와 '소+아지>송아지' 등에서 볼 수 있는 모습이다. 서북방언, 중부방언의 '가우'는 '가위>가우'로 단모음화한 말이다. 각 지역 방언에서 ㅟ>ㅜ의 변화는 '사위>사우', '방귀>방구' 등에서 흔하게 볼 수 있다.

과부뱀 설화

예전에 앞뒷집에 총각 둘 이래 사는데 겨엉자이(굉장히) 참 둘이 마 그리 친절할 수가 없는 기라. 나이도 똑같고 친절한데, 앞에 집에 총각이 장가를 인제 먼저 가는 기라. 그래 사다가서는 고만 이 사람이(남편이) 고만 죽어뿌는 기라. 죽고 나인께네 인제 이 사람은 참 머 우짤 기라. 인자 과부지 머, 그래 이 뒷집에 총각, 이 사람, 이 여자한테만 마음이 쏠려가 있는 기라.<중략>

(뒷집 총각이 보채니까 과부가) 이래서러 '에라 안되겠다. 이럴 바에는 내가 절에 중으로 가는 게 옳다' 싶어 가지고 참 <u>가시개(가위)</u>를 내놓고 옛날 얘기로.

"한 <u>가시개(가위)</u> 찢고 나이(나니) 아바이 생각 절로 나고, 두 <u>가시개(가위)</u> 찢고 나이 어마이 생각 절로 나고" 카면서 자개가(자기가) 손으로 머리를 깎고 바랑을 지어 가지고서는 절로 갔는 기라. 그래 절로 가이께네 병이 들어 가지고 이 사람이 어째가 죽었뿼는기라. 죽어가지고서는 하도 원이 맺혀가지고서는 큰 구리(구렁이)가 됐뿌거든.

거창군 거창읍 설화[1]

---

1) 이하 [현장 구술 담화]는 해당 어휘를 사용하는 지역민들의 삶의 현장을 생생하게 느껴 볼 수 있도록 하기 위하여 1980년대 정신문화연구원에서 조사, 정리한 『한국구비문학대계』의 원문을 이 글의 취지에 맞추어 알기 쉽게 요약, 압축하여 제시하였다.

2. 감기

승감.행불
수난이.강기

승감.윤감
순증.감기
수난이

고뿔.강기

고뿔.강기

고뿔.강기

고뿔.강기

고뿔
강기
순증

고뿔
강기

고뿔.괴뿔
감기

고뿔
강기

개조뿌리
감기.고뿔

개조따가리.고뿔
개진머리.강기

개조뿌리
개진머리
개조때가리
고뿔.감기

고뿔
강기

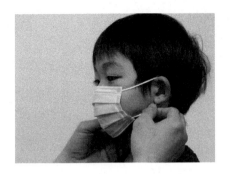

아마 인간이 영원히 피해갈 수 없는 바이러스가 감기이고 또 코로나19로 보인다. 예부터 약이 없다는 '감기'는 주로 바이러스로 말미암아 걸리는 호흡 계통의 병으로 보통 코가 막히고 열이 나며 머리가 아프다. 다른 표준어로 '고뿔', '감모(感冒)'라고도 한다.

이처럼 끈질기게 괴롭혀 온 감기를 우리 선조들은 전국적으로 '고뿔'이라는 말을 가장 보편적으로 사용하여 왔음을 알 수 있다. 그리고 동북방언에서 '숭감', '수난이', 그리고 남부방언(전라도, 경상도) 위주로 '개조뿌리', '개조따가리' 등의 고약한 말도 있었다. 이들 전혀 다른 형태의 말들은 어떻게 생겨났을까?

❶ 감기, 숭감

'감기'의 옛말은 '감긔'인데 본래 한자어 '감기(感 느낄 감, 氣 기운 기)'에서 온 말이다. '감긔>감기'로 변해왔으며, '강기'는 발음의 편이에 의해 부르는 말이다.

함경도의 '숭감'은 '돌림감기'를 한자어로 표현한 '순감(巡 돌다 순, 感 기운 감)', 즉 '순환하는 감기(돌림병)'라는 뜻의 '순감(巡感)>숭감'의 변화를 겪은 말이다. 이 지역에서 함께 사용하는 '순증' 역시 한자어 '순증(巡症)'으로 '순환하는 (감기)증세'를 말한다. 또 '수난이'는 '돌아다니는 돌림병', '순환하는 병'이라는 의미로 '순환(巡還)+이'가 '순환이>순완이>수난이'와 같은 변화를 겪은 것으로 보인다. 같은 지역의 '윤감(輪 바퀴 윤, 感 기운 감)' 역시 '전염성이 있는 감기'를 이렇게 부른 것이다.

표준어에서 '감기'를 '감모(感冒)'라고도 하는데, '감모'는 현대 중국어 '感冒[감마오]'에서 온 말이다.

▣ 고뿔

'고뿔'은 '감기'를 일컫는 말로 우리나라에서 가장 널리 사용되어 온 형태였다. 표준어에서도 '감기'의 다른 말이 '고뿔'이라고 국어사전에 실려 있다.

'고뿔'은 옛말 '곳블(16세기)'이 변한 말인데, '고(코)+ㅅ+불(火)'로서 '고'는 지금의 '코(鼻)'를 말하므로 '코에 불'이 났다는 의미다. '곳블(16세기)>곳불(18세기)>고뿔(20세기)'과 같이 변해 온 모습을 볼 수 있다. 후에 '고>코'는 근대국어에서 '갈>칼(刀)'과 같이 거센소리로 변한 모습이다.

▣ 개조뿌리, 개조따가리

주로 남부방언에서 볼 수 있는 '개조-', '개진-'형은 모두 한번 걸리면 떨어지지 않는 감기의 질기고 좋지 않은 속성을 이렇게 '개(犬)의 생식기(엘레지)'에까지 빗대어 상스러운 말로 표현한 것으로 보인다. 당시엔 아마 지금의 코로나처럼 감기는 처방약이 마땅치 않아 끈질기게 백성들을 괴롭히던 질병이었기 때문이다.

'개좆뿌리>개조뿌리', '개좆머리>개존머리>개진머리', '개좆대가리>개조따가리' 등으로 변한 말이다. 표준국어대사전어에도 '개좆부리[개존뿌리]'가 감기의 속된 말로 실려 있다.

소경 색시 거둬주고 복 받은 사람

주단 거래(신랑의 사주를 보내는 일)를 해 놓구서 참 결혼날까장 아주 인저 결정을 해 놓구서 알어보닝께, 맹인여. 그 규수가(처녀가) 당달봉사여. 그런디 그쯤 됐으먼 그 낭군될 자리가(사람이) 그 뭐라구 말허겄소? 근데

"저허구 결혼허기 때민에 그 규수는 그 맹인이라는 게 발각이 났는디이, 만일 즈이가 그 제가, 그 규수를 마다구 지금 파혼을 하구서어 다른 디에 한다구 보며는 그 사람 그 츠녀(처녀) 하나는 이 아주 매장된 사램입니다. 그렁 건 못허겄읍니다. 그러닝개, 하야간에 이왕 이렇게 됐으닝개 결혼을 해야겄읍니다." 그래 결혼을 했네.

그래 아들 샘 형제를 떠억 뒀담 말여. 그러니 그렇게 한참 되너라구 되는 가정에 그거 뭐 참 울 붓듯 달 붓듯 허지 그 애들이 그게 워디 고뿔(감기) 장기나 앓을 일여? 그 아덜네가 뭐 고뿔(감기) 몸살 한 번두 앓지 않구설랑은 자 알 커서 다 대과급제를 허더랴.

이러닝개애, 사람이 복받을 일을 헐라며는 그마앙큼 좀 무슨 큰 일 큰 생각을 가지구 있으야 복두 받기두 바래구 하능 게지이, 복 못받을 나쁜 짓헌 사람이 복받을 맘만 가지구서는 오히려 욕심에...<하략>

부여군 은산면 설화

3. 감자

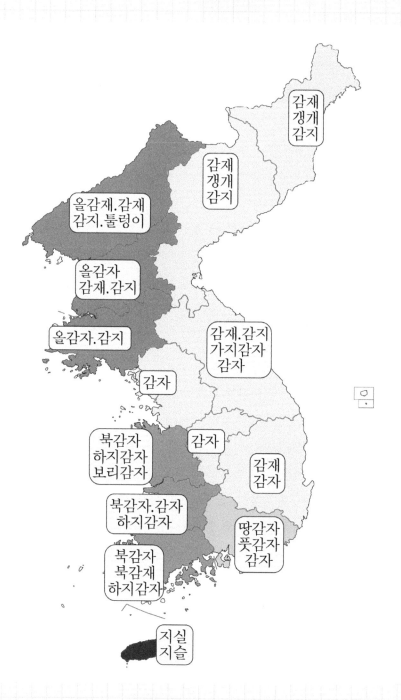

감재
갱개
감지

감재
갱개
감지

올감재.감재
감지.툴렁이

올감자
감재.감지

올감자.감지

감자

감재.감지
가지감자
감자

북감자
하지감자
보리감자

감자

감재
감자

북감자.감자
하지감자

땅감자
풋감자
감자

북감자
북감재
하지감자

지실
지슬

예로부터 전 세계인의 사랑을 받고 있는 '감자'는 우리에게도 뗄 수 없는 애환이 담긴 너무나 소중한 작물인데 '마령서'라고 부르기도 한다. '감자'는 북쪽에서(청나라, 19세기) 전래되었고, '고구마'는 남쪽에서(일본, 18세기) 왔다고 알려져 있으며 처음에는 '고구마'를 '감자(감재)'라고 불렀다고 한다.

전국적으로 감자는 크게 '감재', '올감자', '북감자', '하지감자', '땅감자', '지실' 등으로 부른다. 이 말들의 원래 의미를 살펴보자.

1 감자, 감재

'감자'는(19세기) 우리나라에 전래된 시기가 '고구마'보다(18세기) 늦었던 작물이었다. 그래서 먼저 들어온 '고구마'를 많은 지역에서 '감자(감재)'라고 부르고 있었는데, 뒤늦게 실제 '감자'가 들어오자 이러한 지역에서는 명칭에 혼동이 생기게 된 것이다. 그래서 이미 사용하던 말인 '감자(고구마)'와 구분하기 위해서 '고구마'는 '감자(감재)'라는 명칭을 그대로 사용하고, 실제 '감자'는 지역에 따라 위 지도의 '올감재', '하지감자', '북감자' 등의 명칭을 사용한 것이다. 물론 이후로 많은 지역에서 현재의 모습으로 자기 이름을 찾아 '감자-고구마' 명칭의 분화가 일어나게 된다.

원래 '감자'는 한자어 '감저(甘藷)'로서 '달콤한(甘 달 감) 마(藷 마

저)'라는 의미이다. 19세기에 문헌에 나타난 '감즈'는 차츰 '감즈>감자'
로 변하면서 현재에 이르렀다. 생김새가 '말방울'처럼 생겼다고 해서 '마
령서(馬 말 마, 鈴 방울 령, 薯 마 서)'라고도 한다.

2 올감자, 올감재

제철보다 '일찍 여무는 벼'를 '올벼' 또는 '조도(早 이를 조, 稻 벼 도)'라
고 하는데 이때의 '올'은 바로 '이르다(早)'는 뜻이다. 그래서 '올감자',
'올감재'는 '일찍 생산되는 감자'라는 뜻이다. '고구마'보다는 일찍 봄에
생산되기 때문이다. 이미 '고구마'를 '감자'라고 부르고 있으니 이 '감자
(고구마)'와 구분하기 위해서 '올감자'라고 이름을 붙인 것으로 보인다.
또 황해도에서는 '감자'를 한 해 2번 생산하므로 먼저 생산된 감자를 '올
감자'라 부른다고도 말한다.

또 주로 남부지역에서 사용되는 '하지감자'는 생산되던 시기가 '하지
(夏至 6월 22일)' 전후로 수확하는 것이 보통이어서 붙여진 이름이다. 충
청도의 '보리감자' 역시 하지 무렵 보리를 수확하는 철에 캐기 때문에 '보
리감자'라고 하였을 것이다.

3 북감자

충청도, 전라도의 '북감자'는 글자 그대로 '북쪽(北 청나라)에서 온 감
자'라는 뜻으로 '북+감자'다. 이처럼 감자를 '북감자(북감저, 北甘藷)',
'북저(北藷)'라고 하는 데 비하여, 고구마는 남쪽에서 왔다는 뜻으로 '낭
감자(남감저, 南甘藷)', '남저(南藷)'라고도 하였다.

경남의 '풋감자'는 전남 '북감자'의 영향이거나, 무언가 '풋풋하고 싱싱
한 느낌을 주는 감자'라는 뜻을 지닌 게 아닌가 싶다.

4 지실, 땅감자

제주도의 '지실', '지슬'은 '지실(地 땅 지, 實 열매 실)'로 볼 수 있고, 경남의 '땅감자'는 즉 '땅에 열린 열매', '땅에서 난 감자'라고 해서 붙여진 이름으로 보인다. 제주도에서도 '감저(감제)'는 '고구마'를 일컫는 말이었다. 함경도에서는 '고구마'를 '디과'라고 하는데 역시 '지과(地果)', 즉 '땅의 과일'이라는 뜻으로 본다면 지시 대상만 다를 뿐 '지실'과 비슷한 뜻의 이름일 것이다.

현장 구술 담화: 강원도편

세 쌍둥이 세 정승

마당에 막 들어서는데 뭔 여자가 보따릴 해 이고선 처마 밑에 섰단 말이여. "암만 내가 노총각이고 처녀는 아직 젊은 사람인데 어떻게 같이 살 수 있겠느냐." 말이여. 부득이 터니까(거절하니까) 부득이 살자는 거여. 인제 살게 됐노라 이기야.<중략>

고치 밭떼기 뭐, 참, 이런 거 <u>감재(감자)</u> 같은 거 산에다 화전을 파고선 심는데, 여자가 인제 밭에 나와 늘 김도 매고 가꾸고 재미를 들여 사는데 아, 이 하루 그 아래 노인이 이래 내려다 보니까 그 부인이 고치밭(고추밭)을 매는데 호래이(호랑이)가 와서 말이여 앞발을 덜렁 들고 냉겨 덮힐라 그러거든, 그 히얀하다 말이여. 긔서 이래 보니까 또 사람으로도 뵈켔다가 호래이로도 뵈켔다가 그런단 말이여. 그래서 이 노인네가 소릴 냅다 지르고 쫓아 갔단 말이여. 쫓아가니 이놈이 내뺐어요.

속초시 · 양양군 현남면 설화

4. 강아지

'개의 새끼'를 말하는 '강아지'는 어디를 가나 거의 흡사하게 귀여운데 이름은 지역마다 사뭇 다른 것을 볼 수 있다.

대체로 북한에서는 '개애지', '가이새끼'라 말하고, 남한에서는 '강(갱) 아지', '강생이' 등으로 부른다. 이렇게 '강아지'의 다른 이름들은 어떻게 태어난 말이고 또 어떤 과정을 거쳐 변해 온 말일까?

■1 강아지, 갱아지, 강생이

표준어 '개(犬)'의 가장 오랜 옛말은 '가히(15세기)'였다. 후에 '가이(19세기)'가 문헌에 등장한다. 대체로 '가히', '가이'는 '개가 짖는 소리'를 그렇게 인식하여 지어낸 의성어인 것으로 보고 있다.

그리고 '강아지(15세기)'는 아주 오래된 말인데, '가히'에 '작다'는 뜻의 접미사 '-아지'가 합하여 '가히아지>가이아지>강아지'로 변하지 않았을까 생각된다. 그렇다면 '강아지'는 '가히'가 아직 '개'로 변하기 이전에 조어된 말로 볼 수 있을 것 같다. '강아지'처럼 ㅇ이 첨가되는 모습은 '소+아지>송아지', '말+아지>망아지'에서도 확인된다.

그래서 주변에서 가끔 들을 수 있는 '갱아지새끼'는 '새끼'가 두 번 들어간 동의중복어인 셈이다.

그리고 '강생이'도 역시 '작다'는 의미의 접미사 '-생이'가 붙어서 만들어진 말이다. '-생이'는 '염생이(염소)', '괴생이(고양이)', '망생이(망아지)' 등의 동물을 가리키는 낱말에서도 쉽게 찾아볼 수 있다. 물론 '강생이'를 제외한 다른 '염생이', '괴생이', '망생이' 등의 동물은 꼭 '작은 새끼'만을 나타내는 말은 아니다.

② 가이새끼

서북방언(평안남북도)의 '가이새끼'는 옛말 '가히>가이'에 '새끼'가 그대로 합성된 모습으로 볼 수 있다.

그리고 '가이새끼'의 변화를 짐작하게 해 주는 '개삿기(18세기)'를 생각해 보면, '가이삿기>개삿기>개새끼'로 볼 수도 있지만, '가이삿기>가이새끼>개새끼'로의 변화도 짐작해 볼 수 있다.

물론 '삿기'는 '삿(사타구니)에서 얻은 것'이라는 의미인데 '삿기>새끼'로 변하기 이전의 모습이다.

지역에 따라 '강아지'를 '개새끼'라고도 말하는데, '개새끼'는 흔히 욕설로도 사용되고 있는 말이다. 그런데 '개새끼'를 '개의 새끼'가 아니고 '개떡', '개살구'처럼 '개-'를 접두사로 보아 '가짜 새끼(진짜 아버지가 아닌 자식)'라고 주장하기도 하지만, 오히려 '개와 같이 상스러운 언행'에 빗댄 말로 보는 것이 좋을 것 같다.

③ 개애지

주로 북한 전역에서 두루 사용되는 '개애지(개:지)'는 옛말 '가이'에 ㅇ이 첨가되지 않은 '-애지(작다는 뜻의 접미사)'만 더해져서 '가이애지>개애지(개:지)'의 모습을 생각해 볼 수 있다.

또 북한 전역에서 '송아지'를 '쇠애지(쇄:지)'라고 부르는 점을 고려해 본다면, '개애지(개:지)' 역시 '개'로 변한 후에 '-애지'가 붙은 것도 짐작해 볼 수 있다. 북한에서는 '소'를 '쇠'라 하므로 '송아지' 역시 '쇠애지(쇄:지)'가 되었을 것이다.

첩노래

앉아스니// 님이오나

누워스니// 잼(잠)이오나

<u>강생이(강아지)</u>가// 콩콩짖어

임오는가// 내다보니

<u>강생이(강아지)</u>도// 날색이네(날 속이네)

대문고리// 달각거려

임오는가// 내다보니

대문고리// 날색이네

가랑잎이// 바삭거려

임오는가// 내다보니

가랑잎도// 날색이네

눈물흘러// 갱이됐네(강이 됐네)

눈물흘러// 소이됐네(연못이 됐네)

기우한쌍(거위 한 쌍)// 오리한쌍

쌍쌩이도// 뜨디로미<하략>

성주군 대가면 민요

5. 거울

섹경
쇠경

섹경.게울

섹경
게울

섹경
게울

섹경.게울

거울
섹경
쇠경

거울
섹경
쇠경

섹경
거울

민경
치경
거울

섹경.거울

섹경.거울

민경.거울

민경.기울

섹경.거울

음

'거울'은 빛의 반사를 이용하여 물체의 모양을 비추어 보는 물건, 옛날에는 구리나 돌을 매끄럽게 갈아서 만들었다고 한다. 지금은 보통 유리 뒤쪽에 아말감(수은과 다른 금속 합금)을 발라 만든다.

북한 전역과 남한의 중부까지도 거울을 주로 '섹경'이라고 하고 남부방언(경상도, 전라도)에서는 주로 '민경'으로 부른다. 이 말들이 담고 있는 의미를 알아보자.

1 거울

표준어 '거울'의 옛말은 일찍이 '거우루(15세기)'로 처음 나타난다. '거우루'를 '거꾸로 비추어 본다'고 해서 '거꾸로>거우로>거우루>거울'의 변화를 주장하기도 하지만 단정하기 힘들다.

예전엔 흔히 '섹경', '민경', '치경' 등으로 불렀으나, 이젠 대부분의 세대에서 '거울'이라고 말하는 것을 들을 수 있다.

2 섹경

전국적으로 가장 널리 사용되는 '섹경'은 '석경'이 변한 말이다. '석경(石鏡)'은 '돌(石)로 만든 거울'이란 뜻으로 청동으로 만든 거울인 '동경(銅鏡)'과 비교되는 말이다. 이때 '돌(石)'로 만들었다는 말은 청동거울이 나오기 이전에 '돌(石)에 얼굴을 비추어 보는 거울'이 아닌가 생각되기도 하지만, 엄밀하게 말하면 거울의 재료인 '규사(모래를 녹여 얻은)'로 만들었다는 뜻이라고 한다.

이 '석경'이 변한 말이 '섹경', '식경', '섹강', '쇡경' 등이다.

❸ 민경

표준어에서도 '얼굴을 비추어 보는 작은 거울'을 '면경'이라고 한다. 얼굴을 비춘다는 의미로 '면경(面 얼굴 면, 鏡 거울 경)'인데 이것이 '면경>멘경>민경'으로 변화해 온 것이다.

그리고 지역에 따라 '치경', '체겡'이라는 말도 사용되는데, 이것은 '몸 전체를 비추어 볼 수 있는 큰 거울'을 의미한다. 표준어에도 '체경(體鏡)'이라고 나와 있고 남부방언에서는 주로 '치경', '체겡'이라 부른다. '체경>체겡', '체경>치경'으로 음운변이형이다.

물론 지역에 따라 이들을 특별히 구분하지 않고 '체경', '민경', '섹경' 등을 동시에 사용하기도 했는데, 사실은 그 용도나 크기에 따라서 이름을 다르게 불렀을 가능성은 충분히 있다고 하겠다.

세 신랑감의 공로

옛날에 한 정승이 딸을 하나 이쁜 것 두었어요. 한 글방에 가니깐, 풍골이 좋고 천하미인으로 생긴 학상이 하나 있거든요. "널 사우를 볼 테니까 사울(사위를) 맞자." 그래 하루 또 한 글방에 들어서 먼저 사우보다 더 좋은 기이 있다 이말이요. 그래 또 청혼을 했어요. 그래가 사울(사위를) 서이를(셋을) 맞았읍니다. <중략>

그 한 사람은 비행기 기술을 배워가지고 마음대로 인제 비행기도 맨글고 그래요. (두 번째)한 사람 "이거는 자기 보고 싶은 사람 생월 생시만 치면 <u>색경(거울)</u>이 들여다 뵈킨다." 이거예요. (세 번째)한 사람은 가만 돌아댕기다 보디, 배 장사 오니까 "이건 죽은 사람을 이거만 멕이믄 살군다(살린다)." 이거예요. <중략>

"아 이거 크일났다." "이 색경을 딜다 봐라." 보니까 (장차 아내가 될 사람을) 장살 (장사를) 지낼려고 죽어서 방에다 막 내갈라고 야단이란 말여.

"야아, 까짓거 내 비행기를 맹글어서 비행기를 타고 가자." 비행기를 맹글어 서이 (셋이) 타고 왔어요. 배 가진 사람이 배를 쭉 반을 짤라가지구선 배를 멕여 (처녀를) 살궜거든요.

(살리고 나서 처녀에게) "자 이제 누구하고 살겠느냐?" 그래 할 수 없이 이기 재판이 떠억 됐는데. 재판소의 파안사이(판사가), "비행기를 절대 요런 걸 느으가 사왔느냐? "예, 요런 거 사왔읍니다." "그럼 고대로 있지? 하나도 안 없어지고." "예."

"<u>색경(거울)</u>을 요런 걸 사왔느냐?" "하나도 안 없어졌지?"

"배 가 산 놈, 너 배는 전부 요런 거만 샀느냐?" "아니올시다. 배는 큰 걸 사다가 반을 쪼개서 색실(색시를) 믹였기 때문에 반만 남았읍니다." "그면 할 수 없다. 반이 없어졌으니까 너 배 가진 사람하구 살아라." 그래 배 가진 사람하구 살았다고 얘기가 있습니다.

횡성군 둔내면 설화

6. 겨울

동삼.게을
겨슬.겨을
동새미

동삼.게을.절
동새미.저울

동삼.게을.겨을

동삼.겨울

동삼.게을.저울

겨울
저울

겨울

겨울.즐

겨울.즘

저실.절
겨울.결

시안.겨을

삼동.게을.저실

시안.저실.삼동

저슬.겨울

우리말 변화의 모습

• 겨슬ㅎ(15~16세기)

• 겨을(16~20세기)

• 겨올(16세기)

• 삼동(19세기)

• 겨울(17세기~현재)

열대 과일이 넘쳐나고 늘 따뜻한 지역에서 겨울이 없어 추위를 모르는 동남아 국가를 부러워한 적이 있었다. 그러나 도전과 응전의 삶, 긴 겨울의 혹한과 배고픔의 역경을 극복하고 세계가 부러워할 오늘을 일구어 오신 우리 선조들께 늘 감사하고 이를 자랑스러워해야 하리라. '겨울'은 입동부터 입춘 전까지를 말한다.

북한에서는 주로 '동삼'이라고 하며, 남한에서는 '삼동', '저실', '시안' 등으로 부른다. 이 밖에도 '게을', '겨슬', '저울', '절', '즐' 등 다양한 이름이 많다. 이들은 원래 어떤 의미로 생겨난 말일까?

■ 겨울, 저실, 저슬

'겨울'의 옛말은 '겨슬ㅎ'이었다. 대체로 이 '겨-'는 옛말 '겨시다(계시다)에서 온 말이라는 견해가 우세하다. 만약 그렇게 볼 수 있다면 '겨울'은 농사일을 마치고 '집에 계시는 계절'이라는 뜻을 가진 말로 볼 수 있을 것이다.

그리고 '겨울(겨슬)'이 '집에 계시는 계절'이라는 의미로 생각되어, 뒤에 '때(時, 계절)'라는 말이 생략된 말일 가능성이 크다. 실제 지역에 따라 '가을(秋)'을 '가실때'라고도 말하기 때문이다.

'저울'은 '겨울'이 ㄱ구개음화를 겪은 모습이다. '겨슬>겨울>저울'로 변해 왔을 것이다.

북한 전역에서 '게을', '게울'이 보이는데, 이들은 '겨울>게울'의 음운 변화형이다. 함경도의 '절', 충청도의 '즐'은 축약형이다.

주로 남부방언에서 볼 수 있는 '저실'은 '겨울'의 옛말인 '겨슬ㅎ', '겨슬(15세기)'의 ᅀ음의 흔적이 그대로 살아 있는 고어 형태로 볼 수 있다. 실제 18세기 이후로는 '겨슬ㅎ'에서 ᅀ과 ㅎ이 탈락한 '겨을', '겨울' 등의 형태만이 문헌에 등장하는 것으로 보아 표준어 '겨울'은 '겨슬ㅎ>겨을>겨울'의 변화를 겪었고, 주로 남부방언에서는 아직 ᅀ의 흔적이 남아 있는 '겨슬ㅎ>저슬>저실'로의 변화를 볼 수 있는 것이다.

2 시안

주로 국토의 남부지역에서 사용되고 있는 '시안'은 원래 한자어 '세한(歲寒)'에서 온 말이다. '세한'은 '설 전후의 추위'라는 뜻으로, '매우 심한 한겨울의 추위'를 의미한다. '세한>시한>시안'으로의 변화를 생각해 볼 수 있다.

올 <u>시안</u>에는 눈이 폭폭 내린다잉.(=올 <u>겨울</u>에는 눈이 많이 내린다웅.)

3 동삼, 삼동

북한에서는 주로 겨울을 '동삼', '동새미'라고 하고 전라도, 경상도에서 '삼동'이라는 말을 사용한다. 이 말은 '겨울의 석 달'을 '삼동(三冬)', 또는 '동삼(冬三)'이라고 하는 데서 유래한다. 사실 '삼동'과 '동삼'은 표준국어대사전에도 둘 다 실려 있는 표준어이다. 국토의 최남단과 북쪽에서 '삼동', '동삼'이 남아 있는 모습은 흥미로운 일이다.

표준어에 '구동(九冬)'이란 말도 있는데, 이 말은 겨울철 약 90일 동안을 이르는 말이다.

저승에서 먹는 제사 음식

"내 죽거들랑 제사도 지내지 말고, 아무것도 하지 말고, 마 나 산 직에 소괴기로(소고기를) 흔건 두가(흠뻑 다오)." 캐 쌓은께네, 아들이 가만 생각한께 '저렇기 원을 하는데, 아이고 죽으모 제사 지내모 뭐 하겠노? 살아 생전이 제일이지.' 카머 마 저실(겨울)에 마 소를 한 마리 마 잡아 놓고 마 저실(겨울) 내도룩 만보심을(많이) 해, 늙은 이로 믹이가.

그래 마 늙은이가 그러구로 죽었다. 저승을 떡 가가 이거 뭐 한쪽 구석에 딱 앉아가 마 제사를 지내모 인자 그 입석 말키 구신(鬼神)들이 가아 간단다. 가아 가 인자 말키 구신도 친구가 있으이 친구네들 다 갈라 묵거든. 갈라 무이 다시 안 묵어. 가 오이 암만 무라 캐도(먹어라 해도) 안 묵어. 그래,

"당신은 자석이 없나?" 쿠이까네(하니까), "자석 삼형제라." 쿠거든. "그래 왜 안 묵노?" 카이, " 내 살아 생전에 버어 유언을 하고 온 때문에 나는 품 값을 기 없어 몬 묵는다."

울산시·울주군 청량면 설화

7. 계집아이

에미나
간나

에미나. 간나
에미나이

체네아이
에미나. 간나

체네아이
에미나

에미나
기집아이

계집애
기집애
지집애

기집애
지즙아
에미나

지집애
게집애

기집애
지집애
가시나

가시내
가시나
기집아

가시내
기집아

가시내
가수나
여식아

가시내
계집애
가시나그

지집아이
비바리

표준어 '계집아이'는 국어사전에 '여자를 낮잡아 이르는 말'이라 풀이되어 있다. 유난히 남녀 차별이 심했던 지난 날, 어린 소녀들을 부르는 말에는 어쩐지 상대를 낮추는 느낌이 담겨 있다. '지집애', '가시내', '간나', '에미나' 등이 그런 말이다. 앞으로는 이와 똑같은 말을 사용하더라도 그러한 느낌을 지워가는 것은 우리들의 몫이다.

이들 말들이 담고 있는 원래의 의미를 살펴보자.

■ 계집아이, 지집애, 기집애

표준어 '계집'은 대체로 원래 '집에 계시는 분'이라는 의미로 보는 견해가 있다. 중세국어 '계시다'는 '겨시다'라고 하고, '겨집'은 당시에 '여자 일반', 즉 '할머니'도 '겨집'이었으므로, 원래는 존대의 의미인 '겨집'이 '계집'으로 변하면서 차츰 '어린 여자아이'로 의미의 축소를 겪었다는 것인데, 이 견해는 국어 조어법에 비추어 문제가 있어 신중을 기해야 한다. ('집겨'가 더 자연스럽다고 한다)

그리고 '지집애'는 '계집아이>게집아이>기집아이>지집애'의 모습으로 단모음화, 구개음화, 축약의 과정을 겪어 온 말이다.

2 가시내

주로 남부방언에서 사용되는 '가시내', '가시나'는 원래 옛말 '갓', '가시'를 포함하고 있는 말이다. '갓', '가시'는 중세국어 '갓(妻, 아내)', '갓나히(여자)', '가ᄉᆞᆫ히(계집아이)' 등에서 볼 수 있는데, 이는 '여자', '아내'를 의미한 말이었다. 그리고 중세국어에서는 '장인(아내의 아버지)'을 '가싀아비(갓+의+아비)', '장모'를 '가싀어미'라 하였고, 지금도 사전에 '가시버시(夫婦 부부)'란 말이 있다.

이와 같은 말들로 보아 대체로 '가시내'는 '갓'(여자)에 '아히(아이)'가 합성된 '갓+ᄋᆞᆫ(관형격)+아히' 또는 '가ᄉᆞ+ㄴ+아히'가 변하여 '가ᄉᆞ나히>가시나히>가시내' 되었다고 보고 있다. 이처럼 '아히'가 합해진 모습은 '사나이(산+아히)'가 '산아히>사나히>사나이'가 된 것과 같다. 그리고 함경도, 평안도의 '간나'는 옛말 '갓나히(계집)'가 '갓나히>갓나>간나'로 변해 왔을 것이다.

3 체네아이

평안도의 '체네아이', '체나'는 '결혼하지 아니한 여자'를 가리키는 '처녀(處女)'에 '아이'가 합하여진 '처녀아이'가 '처녀아이>체네아이>체나'로 변한 말이다. 그런데 북한에서 '처녀', '총각'은 남한과 달리 어린아이들에게도 사용하는 말이라고 한다.

4 에미나

북한의 '에미나'는 원래 '에미+나이'로 이루어진 말인데, '에미'는 '어머니', '어머니와 비슷한 나이의 여자'를 친근하게 부르는 말이라고 한다. 여기에 차츰 '어린애'라는 '-아이(나히)'가 붙어 '에미나이'가 되었고, 차츰 '어린 소녀'라는 뜻으로 의미가 축소되어 온 말이다. '간나'는 이보다 더 낮잡아 부르는 느낌의 말이라 한다.

제주도의 '비바리'는 원래는 '전복을 따는 사람'을 일컫는 말이었다. '비-'는 고려시대 계림유사에서 '鰒曰必[복왈비]'라고 하여 '전복(鰒 전복 복)'을 말하였다. 그리고 제주도에서는 결혼한 여자를 '넹바리', 노총각을 '북바리'라고 하는 걸 보면 '-바리'는 '사람'을 뜻하는 접미사임을 알 수 있다. 그래서 '비바리'는 '전복을 따는 여자'라는 의미가 차츰 '처녀'로 사용되고, 때로 '계집아이'의 의미로도 쓰이게 된 말이라 볼 수 있다.

현장 구술 담화: 전라북도편

초계 열녀 이야기

그 동네에 수재(秀才)가 하나가 있어. 서당에 다니는 수재가 있는디, 자기 고모네집 옆에가 가시내(계집아이)가 있어. 이쁜개 날마다 거기를 다녔쌓네 그려, 다녀쌓게 즈이 고모가 당체 야단해싸. "공부 대니는 놈이 나무(남의) 지지배(계집아이) 보고 날마닥 대닌다구." "저 가시나(계집아이)를 어찌 해야 보꼬?(볼까?) 보꼬?"하는디, 하루는 본개 샘에 가서 물을 질어(긷거든), 그것이. 근깨 쫓아갔어. "너 나 하루 저녁만 빌려 줘라."<중략>

사정해 싼개, 상전이 빌려 달라구 하는디 안 들어줄 수도 없고 그런개, 그날 저녁에 시집을 가더니 도망을 가 버렸네. 부부가 도주를. 그 주인허고 안 잘라고. 내빼 버렸어.

부안군 보안면 설화

8. 고무래

우리말 변화의 모습

• 고미레(18세기)

• 고미릭, 고밀기, 곰빅(19세기)

• 고무래(19세기~현재)

표준어 '고무래'는 곡식을 그러모으고 펴거나, 밭의 흙을 고르는 데 사용하고, 작은 것은 아궁이의 재를 긁어모으는 데에 쓰는 'ㄒ(고무래 정)'자 모양으로, 장방형이나 반달형 또는 사다리꼴의 널조각에 긴 자루를 박아 만든 농구를 말한다.

'고무래'는 멀리 삼한·삼국 시대의 저습지 유적에서 출토된, 우리가 사용하는 도구 중에서 가장 오래된 농구 중의 하나인 것으로 추정되고 있다. 대체로 우리나라의 동부 쪽에 '곰배'형이, 서부 쪽에는 '고물개'가 분포하고 있는 특이한 모습이다. 그리고 남부 쪽으로 '당그래'가 자리잡고 있다. 경상북도의 '밀개'도 눈여겨 볼 말이다. 이들은 모두 어떻게 생겨난 말일까?

1 고무래, 고물개

표준어 '고무래'의 옛말은 오랫동안 '고미레(18세기)', '고밀기(19세기)' 형태였다. 그래서 이 말은 '곱다(曲)'와 '밀다(推)'의 합성형 '곱은+밀'에 '-애(접미사)'가 합하여진 '곱은미래(곱+은+밀+애)>곰미래>고무래'로 변해 온 것으로 볼 수 있다. 실제 고무래는 생김새가 ㄒ자 모양으로 '곱아(굽어)' 있는데 이것으로 곡식을 바닥에 널 때 '밀고' 당기는 도구이기 때문이다.

농기구 중에 흙덩이를 깨뜨리거나 흙을 덮는 '곰방매'라는 게 있는데, 생김새가 '고무래'와 비슷하게 굽어 있어서 이 '곰방매'도 '곱은방망이>곱은방맹이>곰방매'로 볼 수 있다.

평안도, 함경도의 '고물개'는 옛말 '고밀기(19세기)'를 이어받은 모습으로 볼 수 있는데, '고무래-고물개'는 '당그래-당글개', '어레미-얼게미' 등에서도 볼 수 있는 모습이다.

② 당그래, 당그네, 밀개

남한에서는 대부분의 지역에서 '당그래', '당그네'라는 말이 널리 쓰이는데, 이 말은 무엇을 '끌어당기다'는 옛말 '둥긔다'의 관형사형 '둥글-'에 '도구나 물건'을 말하는 접미사 '-애'가 합하여 '*둥글애(둥긔+ㄹ+애)>당그래'로 변해 왔을 것이다. 그래서 곡식을 햇볕에 널 때나, 논밭의 흙을 덮으면서 '끌어당기는 도구'를 의미하게 된 것이다.

경상북도에서는 '밀개'라 하는데, '미는(推) 도구'라고 생각하여 '밀개(밀+개)'라고 부른 것이다. 전라도에서도 이와 비슷한 '미래'라는 말이 두루 사용되고 있다. '밀개'와 '미래'는 '-개'와 '-애'라는 접미사의 차이일 뿐이다. '미래'는 옛말 '고미레(곱은 미래)' 앞 부분의 '고(곱은)'가 생략된 모습으로 볼 수 있다. 또 전남에서는 '미래'와 '당그래'의 중간지대에 이 둘을 합한 형태인 '미랫당그래'라는 말도 사용되고 있다.

③ 곰배

주로 함경도, 강원도, 경상도 등에서 보이는 '곰배'는 앞에서 보았듯 '곰(곱은 曲)-'이라는 내용이 포함된 말이다. '곰배'도 '구부러진 도구'로 풀이된다. 팔이 굽은 사람인 '곰배팔이'도 같은 말뿌리에서 나온 말임을 쉽게 짐작할 수 있다.

4 국디

함경도의 '국디', 제주도의 '구그네', 충청도의 '글개이' 등은 모두 곡식을 널거나 모을 때 '긁어야' 하는 행동과 관련된 말로 보인다.

현장 구술 담화: 경상북도편

박문수의 구천동 순행

이 집 잔체(잔치)에 하늘에서 귀신이 떨어져가지고 말이지, 왔다갔다 그래서 아 동네 청년들이 곰배(고무래)를 가지고 짝대기를 가지고 인제 귀신 띠디레(두드려) 잡는다고 보니까. 하늘에 또 뭐 쿵덕 크디마는 요번에는 옆으로 떡 벌어졌난 놈하고 둘이 왔다갔다 하더니. 그러이 동네 청년들이 곰배(고무래)를 가지고 이제 동네 청년들 한 오십 명이 인자 떡 왔는데.<중략>

그래가지고 인제 천가란 놈 저 바깥에다가 끄직고(끌고) 가가지고, 몸 세 동가리 내가지고 땅에 묻어 버리고 그레 이 귀신(무당)들은 마 어디 참 온데 간데없이 가 버리고.<중략>

근 이십 년 세월이 흘러가 박문수가 터억 인제 참 정장해가지고 가니까. 큰 게와집(기와집)으로 변해가 있고. 할아버지는 허연 백발 노인이 돼가 있는데. 이렇게 좋은 집을 져어주고, 농사도 아주 근사하이 동네사람들이 다 져어주고. 며늘아기(며느리)는 델고 와가 옥동자를 낳아가지고 잘 산다고."

경주시·월성군 안강읍 설화

9. 고추

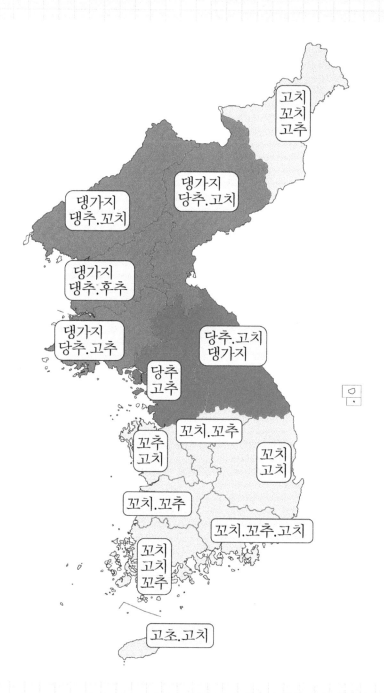

고치
꼬치
고추

댕가지
당추.고치

댕가지
댕추.꼬치

댕가지
댕추.후추

댕가지
당추.고추

당추.고치
댕가지

당추
고추

꼬치.꼬추

꼬추
고치

꼬치
고치

꼬치.꼬추

꼬치.꼬추.고치

꼬치
고치
꼬추

고초.고치

우리말 변화의 모습
• 예고쵸(17~18세기)
• 고쵸(18~19세기)
• 고초(19세기)
• 고추(20세기~현재)

'고추'는 세계인의 음식에 빠질 수 없는 향신료인데 작을수록, 더운 지방에서 자란 고추일수록 맵다고 한다. 우리나라에 16세기 말 들어 온 고추와 전통적인 된장이 만나 절묘한 배합인 한국 음식을 특징짓는 고추장이 탄생한다.

'고추'는 가짓과의 한해살이풀로 열매는 매운맛의 장과(漿果)를 말한다. 북한에서는 주로 '댕가지', '당추' 등으로 부르는 것을 볼 수 있다. 남한에서도 중부지역에서 '당추'라 하고 대체로는 '꼬치', '꼬추', '고치'라 한다. 이들 이름이 생겨난 유래를 더듬어 보자.

▮1 고추, 고초, 꼬치, 꼬추

'고추'는 중세국어에서부터 '고쵸(15세기)'라는 말로 등장한다. 그런데 당시의 '고쵸(苦椒)'는 지금의 '고추'가 아니고 '후추'를 의미했다고 한다. 그러다 16세기 말 일본을 통해 지금의 매운 '고추'가 들어오자 '후추'는 '고추'에 자리를 내주고 '고쵸'에서 '호쵸(후추)'로 이름을 바꾸게 된다. 18세기 이후에는 '고추-후추(호쵸)'가 구분되어 쓰이게 되었다.

참고로 '후추'는 원래 '호쵸(胡椒)'가 '호쵸>호초>후추'로 변한 말인데, '호(胡 오랑캐 호)'는 '호떡', '호주머니' 등에서 보이는 것과 같으며, 이는 '중국(胡)에서 온 풀(산초 山椒)'이라는 뜻이다.

남한에서는 고추가 경음화한 '꼬추', '꼬치' 등이 널리 분포하는 것을 볼 수 있는데, '꼬치'의 '추>치' 변화는 '상추>상치' 등의 변화와 같다. 제주의 '고초'는 '고추'보다 오히려 고어 형태이다.

2 당추

북한과 경기도, 강원도 등에서는 고추를 '당추', '댕추', '당초'라고도 하는데 이는 원래 '당초(唐椒)'로 '당나라 산초나무'라는 의미이다. '고추'가 중국 '당(唐)나라'에서 왔다고 인식하고 있는 듯하다. '당-'이 붙은 말은 '당나귀(중국에서 온 나귀)', '당성냥(중국에서 온 성냥)' 등에서 쉽게 볼 수 있다.

3 댕가지

함경북도를 제외한 북한 전역에서 '댕가지', '당추', '댕추' 등이 분포하고 있는 것을 볼 수 있다. '댕가지'는 '당+가지'가 '당가지>댕가지'로 변한 모습인데, 역시 '당나라(중국)에서 온 가지(茄子)'라는 의미이다.

이렇게 '고추'를 우리가 반찬으로 먹는 '가지(茄子)'로 인식하였던 것을 보면 흥미롭다. 실제 고추는 '가짓과'에 속하는 식물이다.

자장가

우리아기// 자랑자랑

웡이자랑// 웡이자랑

어진동이// 착동이

잘도잔다// 어서자랑

웡이자랑// 어서자랑

밥먹엉(밥 먹어서)// 자라

놈의아긴(남의 아기는)// <u>고치(고추)</u>먹언(먹어서)

우는소리// 우리아긴

밥먹엉// 자는소리

웡이자랑// 어서자랑

우리나라// 충신동아

일가방상(일가친척)// 화목동아

동네근방// 우염동이

잘도잔다// 우리아기

잘도잔다// 어서자랑

저레(저리로)가는// 검동개야

이레(이리로)오는// 옥동개야

우리아기// 재와도라(재워 달라)

느네(너의)아기// 재와주마<하략>

서귀포시·남제주군 안덕면 민요

10. 곡괭이

생각보다 '곡괭이'는 아주 오랜 옛날부터 사용되어 온 농기구는 아니었던 것으로 보인다. 요즘에는 곡괭이가 별로 보이지 않는다. 그 정도 힘이 필요한 일이라면 기계가 대신 일을 하는 경우가 대부분이기 때문이다.

표준어 '곡괭이'는 쇠로 황새의 부리처럼 양쪽으로 길게 날을 내고 가운데 구멍에 긴 자루를 박은 괭이인데 주로 단단한 땅을 파는 데 쓰는 농기구이다. 북한에서는 주로 '꼭개', '곡광이', 남한에서는 '꼭깽이', '목깽이', '한새깽이' 등의 말이 있다. 이 말들의 원래 의미는 무엇이었을까?

1 곡괭이, 곡광이

표준어 '곡괭이'의 옛말은 '곳광이'(18세기)'라 하였다. 그래서 '곡괭이'는 '곳광이>곡괭이'로 변해 온 말이다.

'곳광이(곡괭이)'는 '곳'에 '광이(괭이)'가 합성된 말인데, 여기서 '곳'이란 말을 찾아보면 '곳'은 '송곳(솔+ㄴ+곳)', '고드름(곳+어름)' 등에서 보듯이 '뾰쪽하다'는 의미를 가진 말이다. 그래서 '곡괭이(곳광이)'도 괭이 중에서 '끝이 뾰쪽한 괭이'를 말한다.

평안도, 황해도의 '곡광이'는 17세기부터 쓰이던 옛말 '광이'나 18세기의 '곳광이'를 고려해 본다면 가장 오랜 고형을 그대로 유지하고 있는 모습이다.(곳광이>곡광이)

2 꼭깨, 꼭깽이

‘꼭깽이’는 전국적으로 두루 펼쳐져 있는 형태인데, 표준말 ‘곡괭이’의 변화형이다. ‘곳광이>곡광이>곡괭이>꼭깽이’로 보인다.

그리고 함경도의 ‘꼭개’는 ‘꼭깽이>꼭개이>꼭개’로 접미사 뒷부분이 차츰 약화되어 탈락된 모습이다.

2 한새깽이

전라도에서는 ‘한새깽이’, ‘꼭깽이’ 등이 쓰인다. ‘한새깽이’는 ‘한새+깽이’인데, ‘한새’는 ‘큰 새’를 말하며 ‘황새’의 옛말이다. 이처럼 ‘한새>황새’와 같은 변화를 보인 말이 ‘황소’인데 이는 ‘한쇼(大牛)>황소’처럼 변한 말이다. ‘황소’는 원래 ‘누런(黃) 소’가 아니라 ‘큰 소(大牛)’인 것이다.

그래서 ‘한새깽이’는 ‘한새(황새)’의 주둥이처럼 뾰쪽하게 생겼다고 해서 생겨난 말로, ‘한새>황새’로 변하기 전에 만들어진 오랜 고어(古語) 형태로 보인다. 표준어에도 ‘황새괭이’라는 말이 있다.

3 목깽이, 목개이, 못괭이

경상도에서는 ‘곡괭이’를 ‘목깽이’, ‘목개이’로 부르고 제주도에서도 ‘못괭이’, ‘못광이’로 부른다.

이러한 말들은 ‘모가 난 뾰쪽한 괭이’라는 뜻을 가진 ‘못광이(모+ㅅ+광이)>목광이>목깽이>모깽이’로 변해 온 말인데 ‘곡괭이’와 의미가 같음을 쉽게 짐작할 수 있을 것이다.

명당에 묘 쓰고 부자된 이야기

그 상자 아들이 <u>목개이(곡괭이)</u> 들고 수군포(삽) 들고 마 일을 참 잘해가고마 산소를 디리(단번에) 탁 해가주고. 그 축 짝 돌아개미 싸고 우에다가 정자, 와가 청기와집을 지이 놨더래. 정자꺼정 딱 지이 놨어(지어 놓았어).

그래가 참 그키 잘 해놨어. 그래가주고 집에 니러오이(내려오니) 그렇기 그 형제간에 참 미터가 좋아 그키 잘 됐어. 잘 되이 이너무 동상 놈은 한 달에 돈을 한 바리 조도(줘도) 그렇고 뭣을 얼마를 조도 그렇고 만날 고 모양이라. 뭐 지 복도 없는 건 할 수 없는 기지. 그 이전, 이전 역사라도. 그래 참 두 형제가 그렇기 참 도와 조도 그 형은 그렇기 부자로 잘살고, 동상은 만날 그래 살도 모하고(못하고) 그 형은 그키 잘 살더래.

구미시·선산읍 원평 1동 설화

11. 구레나룻

구리셈
구리쉐미

턱석부리
구렛나루
굴개쉐미

구리셈
구리쉐미

턱석부리
구리쉐미
굴게쉐미

구레나루

구레나루
구레나레
구렛날구지

구레나루
구렛나루

구레나루
구리셈
구렛날구지

구리쉬염
구리쉬미
구리쉐미

구렛나루
구렛날

괴알쉬염
굴레쉬염

굴레씨염
구리셈

괴알쉬염
굴레쉬염

녹대쉬염

우리말 변화의 모습
- 구레나롯(17~18세기)
- 구레나룻(19세기)
- 구레나룻(20~현재)

'구레나룻'은 '귀밑에서 턱까지 잇따라 난 수염'을 말한다. 어려서 구레나룻이 더부룩한 사람을 보면 왠지 무섭기만 했는데 사실 의외로 화를 내거나 큰소리를 치는 일은 없고, 늘 활짝 웃는 얼굴로 맞이해 주었던 기억밖에 없다.

동북방언에서는 '구리셈'이라 하는데, 서북방언의 '턱석부리', 서남방언의 '괴알쉬염'은 특이한 형태이다. 동남방언의 '구리쉬염', '굴레씨염', 제주도의 '녹대쉬염' 등은 모두 어떻게 생겨났을까?

1 구레나룻, 구레나루

표준어 '구레나룻'은 맨 처음 문헌에 지금과 거의 비슷한 '구레나롯(17세기)'으로 나타난다. '구레+나롯'의 합성어로. '구레'는 '마소(馬牛)의 굴레'인데, 이는 마소를 부리기 위해서 '머리와 목에서 고삐에 걸쳐 얽어매는 줄'을 말한다. '나롯'은 한자어 '수염(鬚髯)'에 대응하는 순우리말 '날옷'의 연철 표기이다.

그래서 '구레나롯'은 '소의 굴레처럼 귀밑에서 턱까지 난 수염'을 일컫는 말이다. '구레날옷>구레나롯>구레나룻'으로 변해 온 것을 알 수 있다. 자꾸 헷갈리지만 '구렛나룻[구렌나룯]'은 비표준어이다. 표준어 '구레나룻'의 '구레~'는 화엄사가 있는 '구례의 나루터'로 생각하면 쉽다. '구렛날구지'는 접미사에 의한 변이형이다.

2 구리쉠, 구리쉬염, 굴레씨염

신기하게도 국토의 양쪽 끝에 위치한 함경도와 경상도에 거의 비슷한 형태인 '구리쉠'이 분포한다. 이는 순우리말 '구레나룻'의 '나룻(날옷)' 대신 '쉠', '쉐미{한자어 수염(鬚髯)의 변화형}'가 합한 말로 '구레나룻'과 의미가 완전히 일치한다.

그래서 '구레수염>구리쉬엠>구리쉠>구리쉠'으로 변한 말이다. '구리쉐미'는 '구리쉠'에 주격조사 '이'가 첨부된 말로 보인다.

'굴에(15세기)>구레(17세기)>굴레(19세기)'의 변화과정을 본다면 '굴레'가 가장 나중 나온 말인 것으로 보아 경상남도나 전라도의 '굴레씨염'은 '구레나룻'이나 '구리쉠'보다 후대에 생겨난 말임을 짐작할 수 있다. '구레>굴레'의 변화를 보이고 있기 때문이다. 역시 머리에 얽매는 '굴레'처럼 생긴 '수염'이란 말이란 것을 알 수 있다. 참고로 '수염(鬚髯)'은 한자어인데 '수(鬚)'는 '입가의 빳빳한 털이고', '염(髯)'은 '구레나룻'을 의미한다.

3 괴알쉬염

서남방언의 '괴알시염'은 '귀아래수염'이 줄어들어 '귀아래수염>귀알수염>괴알수염'으로 변해 온 것으로 보인다. ㅟ-ㅚ 교체는 같은 지역의 '뒤안-되안(後園), 뒤아지-되아지(돼지) 등에서 찾아볼 수 있다. '구레나룻'이 '귀 아래에서 턱까지 난 수염'이기 때문에 이렇게 불렀을 것이다. '귀알쉬염', '귀알쉬움'이라고도 한다.

4 턱석부리

평안도에서는 '턱석부리'라고 하는 말이 있는데, 얼른 보아 얼굴 아래 '턱'과 관련이 있어 보이지만, 이는 '텁석부리'에서 온 말일 것이다. 그래서 '텁석부리>턱석부리'로 보인다. 원래 표준어 '텁석부리'는 '짧고 더부 룩하게 수염이 많이 난 사람'을 놀림조로 부르는 말로 실려 있다. 경상남 도에서도 '텁삭부리'라는 말이 있다.

▣ 녹대쉬염

제주도의 '녹대쉬염'은 소나 말의 '굴레'나 '고삐'를 의미하는 제주방언 '녹대'라는 말에 '쉬염'이 합해진 말로, 결국 '구레나룻'과 의미가 같다. 제 주도에서는 '말의 굴레'를 '몰녹대'라고 한다.

선비와 이인(異人)

"그것은 내가 시집 올 때에 명주 한 필을 궤짝에 넣어온 거이 아직 있으니 그걸 팔아가지고 과개길에(과거길에) 올라가 보시오."

석 냥을 짊어지고, 서울로 떠억 가는기야. 이래 서울이 어데서 어데든지간 에 그때는 오백오십 리여. 오백오십 리를 꼭 걸어서 서울에 갈 모양인데, 그 래 큰 재를 넘어야돼, 영치(고개)를 넘어야 서울로 갈 모양인데 그 재에 떡 올 라서니, 어떠한 노인이 아주 <u>구레날구질(구레나룻을)</u>하고 키 큰적하고 이러 한 노인이,

"나도 서울 과개(과거)길 가는데 같이 갑시다."<중략>

그래 나가 과개를 보니 대번 알성급제 도장원 한림학사를 커다랗게 내 가 지고 높은 과개를 떡 했다 이기야.

횡성군 둔내면 설화

12. 그제

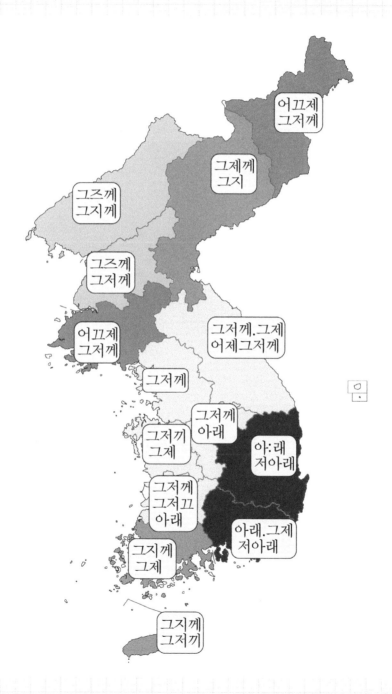

우리말 변화의 모습
- 그젓긔(16~18세기)
- 그적긔(17~18세기)
- 그제(17세기~현재)
- 그져끠(18~19세기)
- 그저께(20세기~현재)

'그제'는 어제의 전날을 말하는데, 다른 표준어로 '그저께', '재작일', '전전날'이라고 한다. 그리고 '그제'의 전날은 '그끄제', '그끄저께'라고 하는데 요즘 잘 사용하지 않은 이유는 혹시 날짜 계산으로 오류를 걱정하는 현대인의 철저한 시간 개념 탓이 아닐까?

지역 방언의 분포는 크게 '그저께', '그제께', '그지께', '그즈께', '그지께', '아:래', '어끄제' 등으로 나타난다. 사실 옛 문헌을 보면 날짜에 대한 지칭이 '어제-오늘-내일'은 분명하나, 그 이전이나 그 이후에 대한 말은 조금씩 혼동되어 사용된 흔적을 보여주고 있다. 이들 말들은 어떻게 생겨났는지 살펴보자.

■1 그저께, 그제께, 그지께

표준어 '그저께', '그제'라는 뜻을 가진 옛말을 살펴보면 '그젓긔(16세기)', '그적긔'(17세기), '그적긔(18세기)' 등이 보인다.

그런데 중세국어 '그 적의(15세기)'라는 말은 원래 '그(其)+적(時)+의(조사)'로서 '적'은 '때(時)'를 의미하므로 '그 적의' 역시 '그 때에'라는 단순한 의미를 지니고 있었다. 이처럼 '그 때에'라는 의미가 '어제의 전날(그저께, 그제)'로 굳어진 것은 문헌으로 보면 16세기 이후부터였던 것 같다. 그 형태도 차츰 '그저께'로 변해 왔다.

그리고 '그적씌(18세기)'는 '그적+쁴'가 '그적쁴>그적씌'로 변한 말로
보기도 하는데, '쁴' 역시 '때(時)'를 의미하므로 '그적씌'는 '그+적(時)+
쁴(時)'로 '때(時)'가 두 번 들어간 말이다.

이처럼 '그 적의'는 원래 '그때', '그 무렵'을 의미하였는데, 차츰 '어제
의 전날(그제)'을 이르는 구체적인 날짜를 지칭하는 단어로 발전해 온 것
을 알 수 있다.

그리고 표준어 '그제'는 '그적의'의 ㄱ음이 약화되면서 '그적긔>그저
긔>그제'로 변한 말로 보인다.

참고로 '모레'의 다음 날을 표준어로 '글피'라고 하는데, 옛말 '글픠(17
세기)'를 볼 수 있으며, 이는 '그+앒의'가 줄어든 말이다. '그앒의>글픠>
글피'로 변해 왔을 것이다. '앒'은 '앞(前)'을 뜻한다.

함경도의 '그제께'와 전라도, 제주도의 '그지께', '그지게', '그저께'를
보면 '그제께'는 단순 음운변이형으로 볼 수 있지만, '그제'와 '그저께'가
동시에 사용되면서 '**그제**+(그저)**께**'가 합한 혼태어로 볼 수 있지 않을까
생각한다. 그리고 '그제께>그지께'로 변했을 것이다.

2 아래

동남방언에서는 '아래(아:래)'가 표준어인 것으로 알고 사용하는 이들
이 많을 정도로 친숙하게 쓰는 말이라고 한다. 그리고 '저아래'는 대체로
표준어인 '그끄제(그제의 전날)'를 말하는데, 더러 '그제'를 뜻하기도 한
다. 이와 같은 말들을 보면 표준어에서 말하는 '그끄제-그제-어제-오늘-
내일-모레-글피'를 동남방언에서는 '저아래-아:래-어제-오늘-내일-
모레-저모레(내모레)'라고 부르는 것을 알 수 있다.

참고로 동남방언 '아:래(그제)'와 비슷한 형태인 서남방언 '아:리께'는
'며칠 지난 날'을 뜻한다.

3 어끄제

함경도, 황해도 등에서는 '그제'에 해당하는 의미로 '어끄제'라는 말을 사용하는데, 이는 '어제'와 '그제'가 합하여 줄어든 말로 보인다. '엊그제'는 표준어로는 '바로 며칠 전'을 의미한다.

욕심장이와 사깃꾼

집에 앉아서 머리에 앉아서 공부만 만날 이르고(읽고) 있다가 아무래도 안 되겠어. 집은 가난하고 먹고 살기는 살아야 되겠지. 그래 앉아가주고 돌미(돌 맹이)를 돌미를 깎고 앉았다.<중략>

(사냥꾼이) "그 돌미 팔 께요(팔 것이오)?"

"누구든지 떤지면 대번 잡소?"이래이께네,

"날아가는 짐승이고 기 가는 짐승이고 떤지면 고만 대번에 고마 잡소." 이 래이께네, 이늠이 가만 생각해보이 욕심이 뻗치그던.

"파시오. 얼마?"<중략>"주인 있소. 왜 찾소?"

"<u>아래(그제)</u> 당신한테 샀는 이 이까주(이것 가지고) 내 던져 보이 한 마리도 잡지는 못하고 이 몇 개 안 남았으이 물려 주시오.""하 물려 드리고 말고요."

봉화군 봉화읍 설화

13. 기저귀

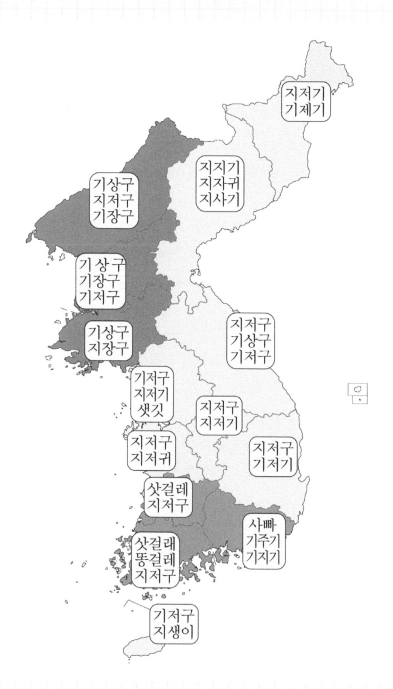

우리말 변화의 모습
- 삿깃(18세기)
- 기져귀(19세기)
- 기저귀(20세기~현재)

　'기저귀'를 거치지 않는 사람은 없겠지만, 예전 가난한 시골에는 '기저귀'를 차지 않고 자란 아이들도 더러 있었다. '어린아이의 똥오줌을 받아내기 위하여 다리 사이에 채우는 천이나 종이'를 말하는 '기저귀'의 전국적인 분포는 크게 서북방언의 '기상구', 서남방언의 '삿걸레', 경상남도의 '사빠' 등을 제외하면 대부분 '지저기', '지저구' 등이 분포하고 있는 것을 볼 수 있다. 이 말들의 형성 과정을 살펴보자.

1 기저귀, 지저구, 지저기

　'기저귀'의 옛말은 현대표준어와 거의 비슷한 '기져귀(19세기)'로 문헌에 나타난다. '기져귀'는 대체로 '옷깃(衣服)'이나 '천'을 의미하는 '깃'에 접미사 '-어귀'가 합해진 말로 보고 있다.

　그래서 '지저구', '지저기' 등은 '기져귀'가 구개음화, 단모음화를 겪은 모습인 '기져귀(깃+어귀)>기저구>지저구>지저기'로 볼 수 있다.

2 기상구

　평안도, 황해도에서는 '기상구', '기장구'라고 한다. 이들은 '깃', '깇'에 접미사 '-앙구'가 붙어서 이루어진 말이다. 여기에서 '깃(15세기)'은 '깇'과 통하는 말로, 예부터 '포대기', 즉 '강보(襁 포대기 강, 褓 포대기 보)'의 의미로 쓰여 왔다. 그리고 '-앙구'는 흔히 각 방언권에서 '뿌랑구(뿌리+앙구)'에서 볼 수 있는 접미사이다.

결국 '깃(짖)'에 '-앙구'가 붙은 '기상구', '기장구'와 '-어귀'가 붙은 '기저귀'는 '포대기'라는 같은 의미임을 알 수 있다.

③ 삿걸래, 사빠

'기져귀(19세기)'보다 앞선 '기저귀'를 나타내는 옛말은 '삿깃(18세기)'이었다. '삿'은 '사타구니'를 뜻하고, '깃'은 '천(포대기)'을 말하므로 '삿깃'은 '두 다리 사이에 채우는 천', 즉 '기저귀'와 일치하는 말이다.

서남방언에서는 기저귀를 '삿걸레'라고 하는데, 이 말은 '삿+걸레'의 합성어이다. 이것을 그냥 '걸레'라고도 한다.

경상남도에서 볼 수 있는 '사빠'도 '삿바(삿+바)'가 변한 말일 것이다. 한편 씨름에서 '샅바'는 '허리와 다리에 둘러 묶어서 손잡이로 쓰는 천'을 말하는데, 역시 두 다리의 '사이'를 말하는 '샅(삿)'에 '천(布)'이나 '줄(繩)'을 뜻하는 '바'가 합하여진 말로 보이며 이 둘은 서로 연관성이 있을 것이다.

참고로 이와 같은 '삿(사이)'과 관련된 말은 '새끼'인데, '새끼(어린 짐승)'의 옛말은 '삿기'였다. '삿기>새끼'로 '삿(두 다리 사이)에서 얻은 아이'이다. 이때의 '삿'은 '샅'의 ㅌ 받침이 표기되지 않던 근대국어 시기의 표기법이다.

강감찬(姜邯贊)의 출생

　강감찬이 아버지가 옛날에 서울서 훌륭하고 오입쟁이였었대요. 어느 주막집이 참 잘 화려하게 짓고 이쁜 처녀가 하나가 잘 채리고 앉았는디 참 오입쟁이가 그냥 지날 수가 없단 말여.

　"아 참 아 한량 나리 오실 줄을 알고 이렇게 주안상을 차리고서 기달리고 있습니다. 그 간밤에 꿈. 잔 꿈 해몽을 내게다 풀고 가야지 그냥은 못 떠납니다. 에 오늘밤 내 집에서 주무시고 그 꿈을 내게다 풀고 갑시요." 그래서 참 그야말로 아 육체정(肉體情)을 같이 섞고 이러고서 이튿날 날이 미처 새도 안해서 여자가 깨우더니

　"나는 사람이 아니오. 천하에 참 재줏군을 나을 겁니다. 내가 여수요(여우요). 칡덩풀 속에서 내가 그 아들을 낳을 거요. 낳을 건데 당신은 이대로 본 가정을 가던 서울로 도로 올라가시던 그날 그 시(時)는 전부 <u>기저귀(기저귀)</u>니 뭐니 허리띠니 요대기니 죄 해가지구 와서 거기서 황소같은 울음을 울고 애기를 낳는 채비를 허거든 옆에서 듣고서 어 그 애기를 싸다가 보모를 두든지 어떻게 길르던지 길르문(기르면) 야가 아주 재줏군이 될 겁니다."<중략>

　그날 그 시 그 날짜에 참 준비를 해 가지구 역시 관악산 큰 바우 밑에 칡덩부덩이 밑에 참 어린애가 황소같은 울음소리가 들리더랴. 그래서 아버지 되는 사람이 사람을 데리고 가서 들여다보니께루 참 떡바탕같은 아들을 낳아놓고서 여우가 샷이 물러나서 죽어 버리더라는 기여. 여우는 그 자리에다 묻어 주고 어린애는 잘 싸가지고 와서 길렀어. 길르면서 머 된 것이 강감찬이가 됐다 그 말이여.

청주시·청원군편 내덕동 설화

14. 꼬락서니

우리말 변화의 모습
- 골, 즛, 즁(15~16세기)
- 쏠(17세기)
- 짓, 짓쑹이(19세기)
- 꼬락서니(20세기~현재)

표준어로 '꼬락서니'는 '사람의 모양새나 행태를 낮잡아 이르는 말'이라고 풀이되어 있다.

'꼬락서니'에 해당하는 말로 전국적으로 가장 널리 쓰이는 말은 '꼬라지'라고 할 수 있을 것이다. 함경도에서는 특이하게도 이를 '줏다리'라고 하고, 평안도, 황해도에서는 '꼴딱지'라고 부른다. 이러한 말은 원래 어떤 의미를 가진 말이었는지 살펴보도록 하자.

1 꼬락서니, 꼬라지

먼저 표준어 '꼬락서니'는 '꼴+악(접미사)+서니(접미사)'로 볼 수 있고, 전국적으로 널리 분포하는 '꼬라지' 역시 '꼴+아지(접미사)'로 이루어진 말임을 알 수 있다.

여기서 공통적으로 볼 수 있는 '꼴'은 표준국어대사전에 '겉으로 보이는 사물의 모양', 또는 '사람의 모양새나 행태를 낮잡아 이르는 말'이라고 풀이되어 있다. 즉 '꼴'이 '모습', '모양'을 나타내는 말임을 알 수 있다. 그리고 실제 각 지역 방언 '꼬라지'는 '사람의 모양새나 행색', 즉 '꼬락서니'를 의미하는 말로 쓰인다.

'꼴'은 옛말 '골'에서 나왔다. '골'은 옛글 ᄂᆞᆾ 골(얼굴의 모양, 15세기)에서 보듯이 어떤 대상의 '모양'을 뜻하는 말이었는데 이 '골'이 차츰 경음화되어 '꼴'로 변한 것이다.

그런데 눈여겨 볼 점은 이 '꼬라지'는 각 지역 방언에서 표준어 '화(火, 성

질)'과 같은 의미로도 사용된다는 점이다.(예: 꼬라지를 부린다=화를 내다)

이렇게 '꼬라지'는 '모양'의 의미와 '화(성질)', 두 가지 뜻을 가지고 있는데, 현대국어사전에서 이와 관련된 '골'을 찾아보면 '비위에 거슬리거나 언짢은 일을 당하여 벌컥 내는 화'라고 풀이되어 있다.(예: 골이 나다, 골을 내다) 그래서 '골'은 원래 '모양'과 '화'라는 두 가지 뜻을 가지고 있었고 이 것이 경음화된 모습인 '꼴'의 모습으로 변화한 것이 아닐까 생각한다.

이렇듯 '꼬라지'는 '모양'과 '화'라는 두 가지 의미를 가지고 있으며, 둘 다 원래 '골'과 관련된 말이었고, '골'의 의미 역시 '모양', '화'라는 두 가지 뜻을 가진 말이었음을 추론해 낼 수 있는 것이다. 현재도 '골'은 표준어에서 '화'를 뜻한다고 했지만 '볼품없는 모양새'를 뜻하는 '몰골' 등에서 '모양'으로 사용되기도 한다.

② 꼴딱지, 꼴딱사니, 꼬락지

평안도, 황해도, 제주도의 '꼴딱지', '꼴딱사니', '꼬락지', '꼴뚱이' 등은 모두 모양을 나타내는 '꼴'에 접미사 '-딱지', '-딱사니', '-악지', '-뚱이' 등이 붙어서 이루어진 말임을 알 수 있다. '꼴딱지' 역시 지역에 따라 '화(성깔)'의 의미로 사용되는 지역이 있다.

③ 즛사리, 즛다리

함경도의 '즛다리'를 알려면 먼저 이와 관련된 옛말 '즛', '즁(15세기)'에 대하여 알아 볼 필요가 있다. 원래 '즛(즁)'은 '모습이나 모양'을 나타내는 말이었다. 그 즈싀(즁+이) ㅡ萬 가지라(그 모양이 일만 가지라, 월인천강지곡, 15세기). 그래서 '즛사리', '즛다리'는 어떤 '모양'을 의미하는 '즛'에 접미사 '-아리', '-다리'가 합하여진 말이다. 현대국어의 '짓(움직이는 동작)'과 통하는 말이다.

19세기 <한불자전>에 이와 관련된 '짓쑹이(樣子)'가 보인다.

양반을 우려 먹은 상놈

옛날에 상놈이 양반 곁에 사는데, "아 당체 그 집은 잘 살고 나는 만날 궁색해 사니 이놈의 양반을 좀 옭어먹을(우려먹을) 수밖에 없겠다."<중략>

"예 하 참 죽었지요. 꼭 죽었읍니다. 죽었는데 우떻해 참 깨났읍니다." "그 저승을 가더니 우떻드냐?"

"아 글쎄 우리 집 아부지하고 댁 마님하구 글쎄 내우(내외)가 됐읍니다." "에기, 망할 놈. 그게 그 뭔 그 원 소리냐? 웃음 게 당최, 어디가 당최 그런 소리 하지 마라. 그 당최 그 그…." 이젠 뭐 뭐. 돈이 떨어져도 거(거기) 가 그 뭐 어디 간다고만 하문 불러가지고 한 보따리씩 주구 한 보따리씩 주구. 아 이걸 망할 놈이 자꾸 몇 핼 주다 보니 고만 이놈 상놈이. 양반이 되버려. 저 놈한테 도루 그만 붙어 먹게 됐단 말여. 아 이런 망할 놈의 <u>꼬라지(꼬락서니)</u>가 있어? 아 그놈한테 가 달래기는(달라고 하기는) 이거 뭐 참 챙피하고 그 우떻해야 돼. 뭐 뭐 그 생목숨 죽던 못하고, 야 참 양지(陽地)가 음지(陰地) 된다더니만 이 할 수 없다.

단양군 매포읍 설화

15. 나막신

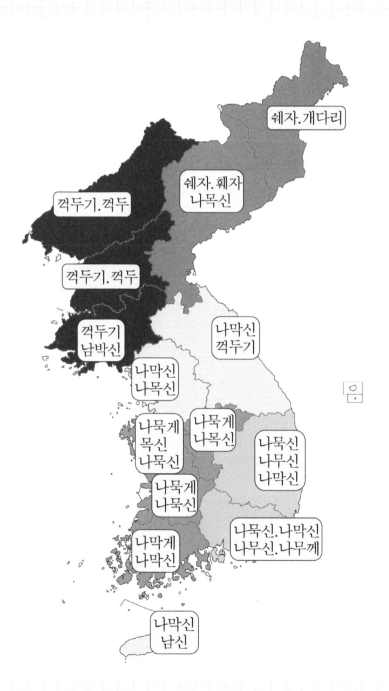

이희승의 수필 '딸깍발이'는 '나막신을 신은 선비'를 말하는데, 일상적으로 신이 없어서 마른날에도 딸깍거리며 나막신을 신어야 하는 가난한 선비를 비유적으로 이르는 말이다. '나막신'은 '나무를 파서 만든 신으로 앞뒤에 높은 굽이 있어 비가 오는 날이나 땅이 진 곳에서 신는 신'이다. 특히 비 오는 날 '나막신'은 널리 애용되다가 1910년 이후 많은 사람들이 편리하고 질긴 고무신을 신게 되어 차츰 사라지게 되었다고 한다.

'나막신'은 지역에 따라 크게 '꺽두기', '쉐자', '나묵게', '나막게', '나묵신' 등으로 부르고 있다. 이들 말들이 담고 있는 의미를 살펴보자.

1 나막신, 나묵신

'나막신'의 옛말은 '나모신(15세기)', '나막신', '나무신', '나목신(19세기 이후)' 등이었다. '나무'의 옛말은 '나모'와 '남ㄱ'이다. 이 두 변이형은 기원형 '나목'에서 온 것으로 보고 있다. 그래서 '나모신'은 '나모+신'이고, '나막신'은 기원형에서 나온 '나목+신'이 '나막신'으로 변화한 모습으로 볼 수 있는 것이다.

각 지역별로 '나무신'이 사용되기도 하는데 옛말 '나모신'을 자연스럽게 이어받은 말이다.(나모신>나무신)

'나묵신'은 주로 경상도 방언에서 볼 수 있는데, '나막신'이 '나무'의 '무'에 이끌려 '나묵신'으로 변하지 않았을까 하는 생각이다.

2 나막께, 나묵게

주로 충청도, 전라도에서 보이는 '나막께', '나묵게'는 위의 '나막신'의 '신(履 신 이)' 대신에 접미사 '-게(개)'가 합해진 말이다. 다만 '-게(개)'는 '지게', '덮개'처럼 어떤 물건이나 도구를 나타내는 접미사이다.

대체로 나막신에는 '굽'이 있는데 이를 '굽나마께'라고도 하고 꽃이 새겨진 '꽃나마께'라는 말도 있었다.

3 쉐자

함경도의 '쉐자'는 비가 올 때 신는 '무관(武官)의 장화'를 말하는 옛말 '수화자(水鞋子)'가 나중에 '수화자>수혜자>쉐자'로 줄어들면서 '나막신'의 의미로 변화한 것이라고 생각할 수 있다.

각 방언권에서 흔히 쓰이는 '게다', '게자'는 '나막신'을 말하는 일본어 'げた(게다)'에서 온 말로서 순화의 대상이다.

4 꺽두기

주로 평안도, 황해도 분포하는 '꺽뚜기'는 같은 지역에서 함께 쓰인 '꺽대(키다리)', '꺽사니(키다리)' 등을 본다면 '꺽-'은 굽이 있는 나막신을 신고 나면 '키가 커지는 모습'을 보고 이름을 붙인 것이 아닌가 생각된다. 표준어의 '꺽다리'와 통하는 말일 것이다.

곽재우장군 일화

　나무신(나막신)을, 나무신(나막신)이라고 있어. 나무를 파가지고예. 나무를 파가지고 신는 신인데, 비 올 때 신는 기 나무깨(나막신)라고 있어. 그 요새 걸으면 장화 택이지. 이걸 신고 무주 구천동까지 갔어요. 그 축지법을 해갖고 따라간 모냥이지. 뭘 따라서요? 그, 뭐꼬, 매구를 따라서 간 기지. 그런께네 거서(거기서), 뭐, 앞에서 일렁거리고 요리(요술)를 했던 모냥이지요. 이래 가지고 인자, '저기 인제, 밤이 되면 이상하다.'<중략>

　옆에 간 사람들은 몽딩이(몽둥이)를 집도 못 하고 마 그대로 수수로(수수방관하여) 보내는 데다가, 이 어른은, 그때 처녀 같으면 머리가 안 있었겠어요? 머리로 홀랑 다 둘러빠져뿄는기라 (머리칼을 몽땅 빼버렸다). 잡아당겨서.

의령군 유곡면 설화

16. 낙숫물

이스새물
연새물

이스새물
강낭물

기 샘물
락시물

기스샘물

기꾸삭물
낙수물

낙숫물
처맛물
지시랑물

낙숫물
낙싯물
처마물

처마물
추녓물

천망물
낙숫물

낙숫물
추녀물

집시랑물
처매물

처마물
씨껄물
집스랑물

집시랑물
지시랑물
썩은새물

지실물
지슷물

어린 시절 장마철이 되면 초가지붕에서 떨어지는 '낙숫물'에 손을 적시며 한나절을 보내던 시절이 있었다. 갖고 놀만한 장난감도, 읽을 만한 책도, TV도 없었지만 지루함을 모르던 시절이었다. 어른이 되어서 처마에서 떨어지는 낙숫물을 유심히 바라본 짧은 시간이나마 있었는지 기억에 없다.

표준어 '낙숫물'은 '처마 끝에서 떨어지는 물'인데. 이것을 표준어로 '기스락물'이라고도 한다. 북한에서는 대체로 '이스새물', '기스새물', '기샘물'이라고 하고, 중부방언에서는 '낙숫물', 서남방언에서 '집시랑물', 동남방언에서 '처마물', '씨껄물' 등으로 부른다. 이들이 담고 있는 속뜻은 무엇이었는지 알아보자.

1 낙숫물, 처마물, 천망물

'낙숫물'은 처마에서 '떨어지는 물'인데, '낙(落 떨어지다)+수(水 물)+물'로 볼 수 있을 듯하다. '떨어지는 물(낙수, 落水)'에 '물(水)'이 한 번 더 합하여 동의중복이 된 말이다.

그리고 동남방언의 '처맛물'의 '처마'는 '지붕이 도리 밖으로 내민 부분'으로 원래 '첨아(檐 추녀 첨, 牙 어금니 아)'였다. 그래서 '처맛물'은 바로 이 '처마(첨아)에서 떨어지는 물'로 '낙숫물'과 의미가 같다.

경상남도의 '씨껄물'은 '서까래물'이 변한 말이다. '서까래'는 '마룻대에서 도리 또는 보에 걸쳐 지른 나무' 즉 '처마의 근처'를 일컫는다. '씨껄물'은 바로 이 '서까래에서 떨어지는 물'이라는 뜻이다. '서까래물>서깔물>세깔물>씨껄물'로 변해 온 말이다.

2 이스새물, 기스새물, 기샘물

평안도의 '기스새물', '기샘물'과 함경도의 '이스새물'은 함경북도의 '연새물'과 관련이 있을 것 같다. 즉 '연새'는 지붕을 덮는 풀을 말하는 표준어 '이엉'에 '풀'을 뜻하는 '새(草)'와 '물(水)'이 더해진 말인 '이엉새물'이 '이엉새물>영새물>연새물'이 된 것으로 보인다. '이엉'을 표준어로 '이엉초'라고도 하는데 '이엉새'와 통하는 말임을 알 수 있다.

그래서 '이스새물'의 '이스새'는 '이다(기와나 이엉 따위를 연결하여 지붕을 덮다)'의 어간 '이-'와 '이엉초(지붕 덮는 풀)'를 말하는 '새(풀)'가 합한 '이+ㅅ+새', 즉 '잇새>이스새'로 보이며, 여기에 '물'이 더해져서 '이스새물'이라 이름을 붙였을 것으로 생각된다. '기스새물', '기샘물'은 '이스새물'에 ㄱ이 첨가된 형태로 보인다. 혹은 옛말 '기슭물'과 관련이 있을 수도 있다.

3 집시랑물

전라도의 '집시랑물', '지시랑물'은 표준어 '기스락물'의 변화형으로 볼 수 있다. '기스락물'의 옛말을 보면 '기슭믈'이었는데, '기슭'은 '처마의 비탈진 아랫부분'을 뜻하는 말이다. 그래서 '기스락물'은 '기슭+악(접미사)+물'로 이루어진 말로 보인다.

'지시락', '집시락'은 '기스락'의 전남, 경남 방언이다. 그래서 전라도의 '지시랑물', '집시랑물'은 '기스락물>지시락물>짓시랑물>집시랑물'로 바뀌어 온 것으로 볼 수 있다. 이러한 ㅅ(깃, 짓)>ㅂ(집) 변화는 '줏다>줍다(拾)', '헌 것>헝겊' 등의 예에서도 볼 수 있다.

혹은 '지시락물'의 '짓'이 '집(家)', 또는 '지푸라기'의 '집(짚)'에 유추되어 '집시랑물'로 변했을 수도 있다. 결국 '집시랑물'은 '기스락(초가의 처마 끝부분)에서 떨어지는 물'을 말한다.

이부열녀 설화(二夫烈女設話)

한 사람이 우아래 집에서 두 집이 참 친절허게 지내여. 속살로(속으로는) 앞집 놈이 말이여, 그 친구 마누래를 욕심을 두었던 개비여.<중략> 그런데 이 냄편이 저물게라도 안 오고, 그 이튿날도 안 오고, 한 달, 두 달 되어도 안 올 것이 아니여?

헌개로(죽고 나니) 남자가 달라붙어 가지고 그 여자허고 살게 되었어. 하루는 비가 오늘같이 촉촉허게 와. 그런개 서방님이 공연시리 바깥을 쳐다보더니 픽 웃어. 웃은개로, "어째서 느닷없이 웃는대여?" 그런개 저 후타리(울타리)서 뽀글뽀글 <u>집시랑물(처마물)</u>이 흘러 나와.

"그적에 아닌게 아니라 내가 느그 남편을 내가 산에 가서 낫으로 모가지를 꾹 찔러 버린개로 말이여, 피가 저렇게 뿌굴뿌굴허니 나오더라." 여자가 허는 말이 기탄없이,

"나도 그런 줄 알았어." 이를 잡아준게 인자 살며시 잠이 들었어. 여자가 비수를, 칼을 갖다가 남자 목을 턱 비어버렸어.

부안군 부안읍 설화

17. 냉이

나시
나세
내기

나시.나세

내이.나이

내이.낭이

내이.냉이

냉이
나생이

나숭개
나싱개

나숭개
나새이

나숭개
나상구

나생이
나싱이
내이

나생이
나싱개

나생이
나시.나이

나시랭이
나생이
나싱개

난생이.난시

향기 가득한 봄나물, '냉이' 바구니를 안은 수줍은 시골 처녀와 토끼풀 뜯는 사내아이들은 이제 다시 농촌 들녘에서 찾아보기 힘들다.

'냉이'는 지역별로 '나시', '냉이', '내이', '나생이', '나시랭이', '나숭개' 등이 널리 분포한다. 이들의 변화과정을 살펴보자.

1 냉이, 내이, 나시

'냉이'의 가장 오랜 표기는 향약집성방(15세기)에 '那耳'인데 이는 [나싀]로 읽힌다고 한다. 그리고 뒤이어 한글 문헌에 역시 '나싀'가 나타난다. 그래서 주로 함경도와 경상도에 분포하고 있는 '나시'는 15세기 '나싀'를 그대로 이어받은, △음의 흔적이 남아 있는 고어 형태라 할 수 있다.

이러한 '나싀'의 기원을 만주어 nachiba 등에서 왔다고 보기도 하고, '낫-(生, 出, 進)+이(접미사)'로 보기도 하지만 확실하지 않다.

한편 '나이', '내이'는 주로 평안도, 황해도, 경상도에 걸쳐서 사용되는 말인데, '나싀'에서 △음이 약화, 탈락하여 나타난 모습으로 '나싀>나이>내이'로 변해 왔음을 알 수 있다.

'냉이'는 후에 모음 반복을 피하기 위하여 '내이'에 받침 ㅇ이 첨가되어 현대표준어 '냉이'가 생겨난 것으로 보고 있다. 물론 '낭이'라는 말이 있다는 점을 생각한다면 '나싀>나이>낭이>냉이'의 순서로 볼 수 있기도 하다.

2 나생이, 나시랭이

중부방언, 동남방언의 '나생이'는 '나시+앵이(접미사)'로 볼 수 있을 것 같다. 접미사 '-앵이'는 남부방언에서 '뿌랭이(뿌리+앵이)'에서와 같이 흔히 볼 수 있다.

제주도의 '난생이', '난시'는 '나생이'와 '나시'에 ㄴ이 첨가된 형태이다.

그리고 경상남도의 '나시랭이' 역시 옛말 '나싀'의 ㅿ을 그대로 유지하고 여기에 접미사 '-랭이'가 붙어 '나시랭이'가 된 모습이다.

3 나숭개

전라도와 충남도에 나타나는 '나숭개', '나싱개'는 역시 '나시'에 ㅇ이 첨가되고 접미사 '-개'가 붙은 모습이다. 이들은 모두 옛말 '나싀'의 ㅿ의 흔적을 그대로 갖고 있는 고어 형태로 볼 수 있다.

물론 '나숭개'와 전라도의 '나상구'는 '나숭개'의 변이형이다.

해산시의 조약 처방

그 저 조약의원이 있는데 할루는(하루는) 채전밭을(채소밭을) 매다이께네, 어떤 젊은 사람이 쫓아와가주고,

"아(애) 못 낳아 애씨는데 머가 약이꺼?" 밭매가주(밭을 매어낸 잡풀을 주면서)

"잇(이것) 갖다 딸에(달여) 멕에라(먹여라)." 풀 파쥐고(주워 쥐고) 보도 안하고 머 밭매는데.

"이거 좌아 갖다 딸애 믹에라." 가주 가서 보이께네, 쑥하고 나이(냉이)하고 두 가지라. [청중 : 그 아주, 약은 아주 맞쳤다.][웃음]그래 딸에 믹에이(먹이니) 참 쑥 났부레. 하도 고마와서 닭 한 마리 잡고 술 한 병 받고, 이래가주고 가서 하도 머식해서(고마와서), 대접하러 가이,

"아, 근데 내가 주기는 좄지마는 멀로(뭐드냐)?"

"그 쑥하고 나이(냉이)하고…."

"[무릎을 치면서]그렇지! 쑥. 나이래야 되지. 그 머 별게 있나?"

[일동 : 폭소][청중 웃으면서 : 쑥! 나아 부래야(낳아 버려야) 되재.

안동시·안동군 임동면 설화

18. 노른자위

노란자시

노란자시

노란저울
노란자이

노란자이

노란저울
노란자이

노란자우
노란자구

노란자위
노른자위

노란재
노란자우

노린재
노란재

노란자새
노란챙이
노린재

노랑창.노랑좃

노랑조시
노랑접시
노린챙이

노랑창
노랑조시
노랑자

붉은알.노랑알

내가 초등학교 때 계란 한 알은 6원이었고, 크레용은 10원, 크레파스는 20원이었다. 계란 4개면 괜찮은 크레파스를 사고 남았으나 지금은 계란 한 판을 주어야 비슷한 크기의 크레파스를 살 수 있을지 모르겠다. 계란과 쌀이 귀한 시절의 농촌은 사람도 인심도 소박하고 아름다웠다.

'노른자위'는 계란의 동글고 노란 부분을 말한다. 특이하게 동북방언과 동남방언에 '노란자시', '노란자새', '노란조시'가 분포하고, 서북방언에 '노란저울', 중부방언에 '노란자위', '노란자우', '노린재', 서남방언에 '노랑창'이 자리잡고 있는 것을 볼 수 있다. 제주도의 '붉은알'이 눈에 띈다. 이들은 어떤 의미를 가지고 생겨났을까?

1 노랑조시, 노란자시

동북방언, 동남방언을 중심으로 분포하고 있는 '노랑조시', '노란자시'는 원래 '노랑+조시'로 볼 수 있는데, '조시'를 알면 이 말의 뜻을 쉽게 짐작할 수 있을 것이다. 우선 '눈동자'를 뜻하는 옛말을 보면, '눈ᄌᆞᅀᆞ(16세기)', '눈ᄌᆞᅀᆞ(17세기)' 등이 나온다. 이 'ᄌᆞᅀᆞ'는 어떤 물건의 '중심 부분', '핵심(核心)'을 일컫는 말로서 '눈ᄌᆞᅀᆞ'는 '눈의 핵심', '눈동자(瞳子)의 정중앙'을 말한다.

그래서 '노랑조시'는 '노른ᄌᆞᅀᆞ>노란조시>노랑조시'의 변화로 볼 수 있으며, 역시 계란의 '노란 핵심 부분'이라고 말할 수 있다. 물론 '노른ᄌᆞ

ㅿ>노란자시'의 변화도 함께 진행되었다.

이렇듯 '노랑조시', '노린자시'는 'ᄌᅀ'의 ㅿ음을 유지하고 있는 고형에 해당한다고 볼 수 있다. '노랑조시'라고 말하는 지역에서는 계란의 '흰자위'도 '흰조시'라고 말한다.

▣ 노른자위, 노란자우, 노란자위, 노란저울, 노란재, 노린재

'노른자위'는 '노른ᄌᅀ(15세기)>노른즤(17세기)>노른자위(20세기)'로 변천해 왔음을 보여준다. 동북방언, 동남방언의 '노랑조시'가 아직까지 ㅿ의 흔적을 그대로 유지하고 있는데 비하여 표준어 '노른자위'와 '노란자우', '노란저이' 등은 '가슬>가을', '가새>가위'처럼 ㅿ이 약화, 탈락된 모습으로 변한 것을 알 수 있다.

'노린재', '노란재', '노란자' 등도 '노른자위'의 변이형이라는 것을 짐작할 수 있다.

▣ 노랑창

서남방언에 주로 보이는 '노랑창'의 '창'은 '자ᅀ(자위)'와 마찬가지로 어떤 '중요한 핵심 부위'를 가리키는 말이다. 이러한 '창'은 눈의 검은 눈동자를 말할 때 '꺼멍창'이라고 하는데, 이것은 표준어로 '검은자위'에 해당하며, '흰창' 역시 '흰자위'에 대응되는 말이다.

▣ 붉은알

제주도의 '붉은알', '노랑알'은 그대로 '노른자위'의 색깔을 그렇게 인식한 것이라 보인다.

참고로 제주도에서는 계란을 '독새기(득 새기)'라고 한다. '닭의 새끼'라는 뜻이다.

돌함 속의 계란

중국서 조선에 인재가 있다고 그래서 돌함 속에다 계란을 넣어서 내보냈대요. 계란을 넣어서 내 보냈는데 계란을 넣어서 이 속에 뭐 들었나 좀 알려 보내라고 중국서 사신을 해서 조선으로 내 보냈거든, 돌함을. 돌함 속에다 계란을 넣어 가지고서.

그랬는데 이 황희 황정승이 그걸 알아 냈다고 그러는데, 황정승. 그래 '단단석중물(團團石中物)'이, 둥글고 둥근 돌 가운데 물건이 말이지 '반옥반황금(半玉半黃金)'이라. 반은 옥이고 노린재(노른자위) 보고 얘기하는 거지. 반옥반황금이라. 반은 금이고 반은 옥이라 말이라. 그래 노린재(노른자위) 보고 얘기하는 거지. 그래서 조선에 아주 인재 있었다고 탄복했었대요. 중국서.

아산군 둔포면 설화

19. 노을

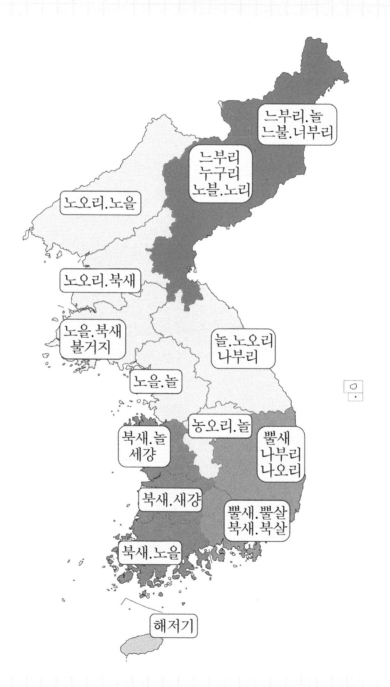

붉은색의 '노을'을 보면 누구든 그냥 지나치지 않는다. 자연의 경이로움으로 하여 내 마음도 함께 마냥 부풀어 오르는 경험을 하였을 것이다.

이렇게 해가 뜨거나 질 무렵에, 하늘이 햇빛에 물들어 벌겋게 보이는 현상을 표준어로 '노을'이라고 하고 지역에 따라 '느부리', '노오리', 놀', '북새', '뿔새', '해저기' 등으로 부르고 있다. 이들 말들은 어떻게 생겨나고 어떻게 변화해 왔을까?

1 노을, 놀:, 노오리, 농오리, 느부리

표준어 '노을'은 '노오리', '농오리', '놀' 등으로 주로 서북방언과 중부방언에 분포하고, 어중 ㅂ을 가진 '느부리', '나부리(너부리)' 형이 함경도와 강원, 경북 등으로 분포하고 있는 것을 볼 수 있다.

'노을'의 어원은 정확하지 않지만 동부 지역을 따라 분포하는 '느부리', '나부리' 등의 모습을 통하여 '노을'의 원래의 의미는 마치 붉은색의 빨래가 '너울거리는(너불거리는)' 모습을 연상하여 이렇게 이름을 지은 것이 아닐까 생각되기도 한다.

그래서 위의 모습들을 통하여 '노을'의 원래 모습은 '*ㄴ블'이었고, 이것이 '*ㄴ블>ㄴ볼>노올>놀'의 변화와 '*ㄴ블>느불(느브리)/나불(나부리)/너불(너부리)' 등으로 변화를 겪어 오지 않았을까 추측을 해 본다.

2 북새

전라도, 평안도, 충남, 경남 일대에서 주로 '북새'라 한다. 표준어로 아침에 뜨는 노을을 '아침노을', 해질 무렵의 노을을 '저녁노을'이라 하듯이 '아침북새', '저녁북새'라고도 한다.

'북새(노을)'는 실제로 '붉은색의 구름'이니, '북-'은 '붉다(赤)'는 의미와 어떤 물체에 붙는 접미사 '-새'가 합해진 말로 볼 수 있을 듯하다.

3 뿔새

경상도에 분포하는 '뿔새', '뿔살' 등은 위의 '북새'처럼 '붉다(紅)' 어간 '붉-'의 어말 자음군 ㄺ이 '북-'대신 '불(뿔)-'로 발전해 왔을 가능성이 있다. 이것은 마치 '박쥐(明鼠, 붉쥐: 눈이 밝은 쥐)'가 서남방언에서 '붉쥐>뽁쥐'로 변하고 동남방언에서 '붉쥐>뿔쥐'로 변한 모습과 흡사하다.

혹은 이렇게 붉게 보이는 자연 현상을 '불(火)'과 관련지어 '불이 붙는 듯한 붉은 구름의 모습'으로 생각하여 '불새'로 이름을 지었을 수도 있다. 이 경우 후에 '불새>뿔새'로 경음화하였을 것이다.

4 해저기

제주도의 '해저기'는 '해가 저물다'는 의미로 '해저물기>해저기'로 변화한 말인 것으로 보인다. 해가 저물 무렵 펼쳐지는 붉은 하늘의 모습을 이렇게 부른 것이리라.

충청남도의 '세걍'도 마찬가지로 '노을'이 생겨나는 시간대와 비슷한 의미의 말인 '석양(夕陽)'을 연상하여 '석양>세걍'으로 변한 말이 아닐까?

제석님네 맏딸애기

그 지석님네 맏딸애기만 냉겨 놨는디. 중이 와서 동냥을 달라구 해요. 그랑 개 샥시(색시) 자는 방이 와서 중이 하루밤을 자구 갔어. 중이 언나(어린애) 를 배 놓구 가서. 중이 목탁은 쪼개서 아이 오줌 종고래기(작은 그릇) 하라구 주구. 지석님네 맏딸애기를. 중이. 장삼(옷)은 뜯어서 아기 퍼대기(포대기) 하라구 주구. 그라구서는 인저 그 사람네가 다 살었어.

그랬는디 그렇게 살다 인제 늙어서 죽었어요. 늙어서 죽었는디 죽어서 하 늘에 구룸이 됐어요. 하눌이 구룸이 됐는디, 왜, 하눌이 벌겅(붉은) 구름 찌잖 아요? <u>북새(노을)</u>라구? 그게 지석님네 맏딸애기 치마 구름여. 그게. 그렇구.

그라구서 인제 친정이를 몇 년만이 오닝깨 다아 쑥대밭이 되구 그랬더래 요. 그래서 그 지석님네 맏딸애기 그 부모를 말짱 인저 하늘루다 거시기루다 그 선녀루두 모시구 모두 하눌루 다 올려 보냈대요. 그라구서 그이두 다 죽구 그랬대요. 그게 끝여.

공주군 이인면 설화

20. 다리미

대리워리
다로리.데렌

다리우리
다롤.다리울

대리미
대림

대레비
대리미

대리미
대림

대리미
다리미
대루

대리미
다리미

다리미
대리미

대리미
다리미

대리비.대레비
다리비.다레미

대리비
대리미

대레비
다레비
다레미

대루
대레비
대루미

다루웨
다리웨

장날이 오면 어머니는 뚜껑 없는 '다리미'에 숯을 벌겋게 달구어 소복히 담고 장에 입고 갈 옷을 다리셨다. 반대편에서 옷을 팽팽하게 당겨 도와주는 일은 참으로 긴장되는 일이었다. 잘못하여 손이 빠지거나 흔들려 옷에 불똥이 튀기라도 하면 하얀 모시옷에 구멍이 나거나 옷이 그을려 버리기 때문이다.

옷의 구김을 다리는 표준어 '다리미'는 '울두(熨 다릴 울, 斗 말 두)'라고도 하는데, 전국적으로 '대리미', '대리비', '대레비', '다리우리', '대루', '다루웨' 등으로 사용되고 있다. 이 말들이 어떻게 변해 왔는지 살펴보자.

① 다리미, 대리미

'다리미'는 천이나 옷을 평평하게 하는 행위를 말하는 '다리다'의 명사형 '다림'에 접미사 '-이'가 붙어서 생겨난 말로 '다리는 물건'을 이르는 말임을 쉽게 짐작할 수 있다.

옛말 '다림이'는 19세기 문헌에서부터 나타난다. 이후 연철 표기 한 '다리미'로 나타나 현재에 이르렀다. '대리미'는 당연히 '다리미>대리미'의 모습이다.

2 다리우리, 대루, 다루웨

문헌에 나타난 '다리미'의 가장 오랜 모습은 고려시대(향약구급방, 13세기)에 실린 '多里甫里'를 볼 수 있는데, 이는 [다리보리]로 읽혔으리라 짐작된다. 그 후 '다리우리(15세기)', '다리오리(17세기)' 등이 나오는데 이로 보아 '다리보리>다리ᄫ리>다리우리/다리오리'로 변한 것으로 보인다.

함경도의 '다리우리'는 한글로 나타난 가장 오랜 고어형(15세기)을 아직까지 간직하고 있는 모습이다. '다리우리'는 '다리다'의 어간 '다리-'와 '다리미'를 말하는 '울두(熨 다릴 울, 斗 말 두)'의 '울'이 합해진 후 접미사 '-이' 더해진 말임을 짐작할 수 있다.(다리+울+이>다리우리)

그리고 전라도에서 두루 쓰이는 '대루'는 '다리우리>대리우리>대리울>대루'의 변화를 생각할 수 있으며, 제주도의 '다루웨', '다리웨' 역시 '다리우리'의 축약형임을 쉽게 알 수 있다.

3 대리비, 데레비

주로 강원도와 남부방언에 분포하는 '대레비(대리비)'는 고려시대(13세기)의 '多里甫里[다리보리]'가 ㅂ이 약화된 '다리오리'로의 변화를 겪지 않고 ㅂ을 그대로 유지하고 있는 모습이다. 이로 본다면 어쩌면 '대리비', '대레비'는 '다리오리'나 '다리우리'보다 더 이전 형태인 가장 오랜 고어라고 볼 수 있을 것이다.

큰어마이 노래

놀로가세// 놀로가세(놀러 가세)

첩으야집에(첩의 집에)// 놀로가세

첩으집에// 놀로가니

큰칼을랑// 품에품고

잔칼을랑// 손에들고

등너메라// 첩오집에

놀로가세

첩오집에// 놀로가니

제비걸은// 날싼년이(날쌘 년이)

나부납작// 절을하네

은<u>다리</u>비(은<u>다리</u>미)// 불피우고

허나재기// 담배담고

진댐뱃대나// 잡으시소

진댐뱃대// 어라싫다

곰방대가(짧은 담뱃대가)// 지적이다(제격이다)

딜다보세// 딜다보세(들여다 보세)

첩으정지(부엌)// 딜다보세

첩으정지// 딜다보니

은솥이야// 놋솥이야

줌줌이도(잇달아)// 걸었구나

선산군 고아면 민요

21. 닭장

우리말 변화의 모습

- 둙(15~19세기)
- 우리(16세기~현재)
- 닭의장, 닭장(20세기~현재)

닭이 낮에 밖에서 먹이를 찾아다니며 놀다가 저녁에는 어김없이 찾아 들어가는 곳이 '닭장'이다. 밤에 삵쾡이나 들고양이의 위협으로부터 보호해 주기 때문이다. '닭장'을 북한에서는 대체로 '달그우리'라 하고, 강원도에서는 '달기홰', 경기도, 충청도에서는 '닭장', '달기장', 동남방언에서 '달구통', 서남방언에서 '달구장태', 제주도에서 '닭집'이라 한다. 이들은 어떤 의미를 가지고 생겨난 말일까?

◼ 닭장, 달기장, 달구장태, 장태

표준어 '닭장'은 '닭+장(欌)'인데 한자어 '장(欌)'은 '장롱(欌籠)'과 같은 의미로 '옷 따위를 넣어 두는 장과 농'을 아울러 이르는 말이다. 그래서 '닭장'은 '닭이 잠을 자고 지내도록 건물에 붙어 있는, 제대로 지은 막사'를 말한다.

서남방언의 '달구장태'의 '장태'는 예전에 '나무로 닭장같이 얽고 그 밑에 바퀴를 단 전투용 수레'를 가리키는 말이었다. 농가의 닭장 모습이 마치 이러한 '장태'를 닮았으므로 '달구장태(닭의+장태)'라 했을 것이다. 여타 지역에서 보이는 '달구장', '달기장'은 '닭장'의 변화형, 또는 '달구장태'의 축약형일 것이다.

2 닭집

제주도에서는 그대로 '닭집(닭+집)', '닭망(닭+망)'이라고 말하고, '둑둥수리'라고도 한다. '닭집'은 경상도에서 '달구집'이 '닭+(의)+집'에서 '닭의집>달구집'으로 변해 온 것과는 달리, 관형격조사 '의'가 없이 그대로 명사+명사(닭집)로 이루어진 말이다.

'둑둥수리'는 '둑(닭)+둥수리'로 '둥우리'의 옛말 '두으리(16세기)'보다 앞선 고어 형태 '*두스리'가 있었지 않았을까 짐작해 본다. 그래서 '*두스리>두스리>둥수리'로의 변화를 생각할 수 있다.

3 달그우리, 다꾸리

북한에 널리 분포하는 '달그우리'는 주로 북한 문화어 '닭우리'에 조음소 '으'가 삽입된 모양이다. 즉 '닭+으+우리'로 이루어진 말인데, '닭으우리'에서 ㄺ의 ㄱ이 연음된 '달그우리'가 되었다. '다꾸리'는 '닭우리'가 자음군단순화를 겪어 ㄹ이 탈락한 후(닥우리), 말음 ㄱ이 연음된 말이다.

원래 '우리'는 짐승을 가두어 두는 곳을 말하는데 옛말 '쇠우리(소마구, 17세기)'에서 볼 수 있는 말로 '울타리'와 같은 뿌리에서 출발한 것으로 보인다. '울타리'의 '울ㅎ'과 '닭우리(닭+울+이)'의 '울'은 '에워싸다'는 의미로 '에워싼 울타리'라 볼 수 있을 것 같다.

표준어의 '닭의어리(임시 닭집)'는 '닭우리'와는 어원이 다른 '얽다(縛 동여맬 박)'에서 '얼기(얽+이)>어리'로 변한 말로 보인다.

4 달기홰

'강원도'의 '달기홰'는 원래 표준어 '닭의홰'로 '새장이나 닭장 속에 새나 닭이 올라앉게 가로질러 놓은 나무 막대'를 말한다. 그래서 '홰를 치다'는 말은 '닭이나 새 따위가 날개를 벌리고 탁탁 치다'는 뜻이다. 사실은 몸통을 치는 것인데, '홰를 치다'로 표현한 것이다. 그래서 '달기홰'는 '닭이 올라 앉은 막대기'에서 '닭장'이라는 뜻으로 의미가 확장된 대유적 표현이다.

5 달구통

경상도의 '달구통'은 '닭+의+통'으로 이루어진 말이다. 다만 '통'은 '장(欌)'과 대응되는 말인데, 원래는 '닭을 가두어 두는 통'이라는 의미일 것이다. '닭의통>달구통'처럼 '의>우' 변화 모습은 '달구똥(닭의 똥)', '달구새끼(닭의 새끼)' 등에서 그대로 적용된다.

현장 구술 담화: 경상남도편

잡아 먹은 닭

예전에(한문이) 서당글 읽을 때는 아 열댓이나 모다가지고(모아가지고) 닭을 잡으로 넘의 집에 <u>달구통(닭장)</u> 띠오만 고만 닭이 열마리든 수무 마리든 메고 오자. 장난삼아 그래보자."

한 열댓 명 가가지고 삽작(대문)에 섰는 놈도 있고 및(몇) 놈이 닭을 잡을라꼬 할 즈음에 그집 주인 부인이 하 소변을 하고 시퍼서 오줌을 누로 나왔던 모이지. 아 무슨 장군이 있는데 그때 사람은 나오지 아 이놈 됐다 하고 장군 덮어논 그 놈을 어 둘퍼섰다(둘러 썼다). 그래 떡 둘퍼쓰고 있은께네 아 이놈의 오줌을 누는데 아 고만 뜨뜻하이, 머리가 대갈배기 이 부인이 오줌을 많이 눠. 오래도록 있다가 전딜 수가 있나, 뜨거워서. 아라 이놈의 거 배텄지. 고만 그 부인이 고만 낙담을 해서 고만 죽어쁐어.

거창군 가조면 설화

22. 도깨비

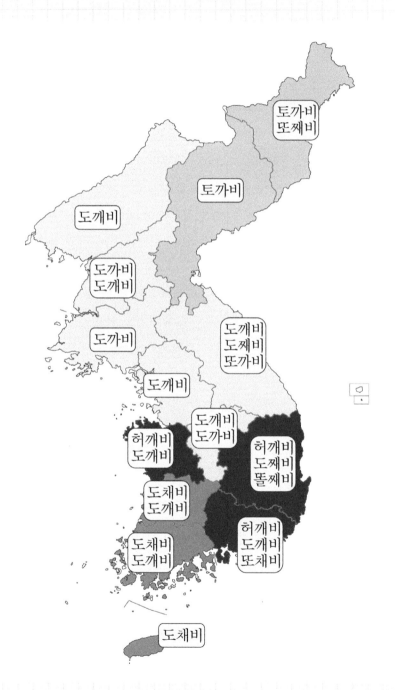

토까비
또째비

토까비

도깨비

도까비
도깨비

도까비

도깨비
도째비
또까비

도깨비

도깨비
도까비

허깨비
도깨비

허깨비
도째비
똘째비

도채비
도깨비

도채비
도깨비

허깨비
도깨비
또채비

도채비

우리말 변화의 모습
- 돗가비(15세기)
- 독갑이(17~19세기)
- 도깨비(20세기~현재)

지금은 전설처럼 전해지는 '도깨비' 체험담을 우리는 옛 어른들로부터 수없이 들으며 자랐다. 지금 사고방식으로는 불가해한 이야기지만 도깨비는 우리 민족의 삶과 뗄 수 없는 신비로운 존재였고, 늘 겸허하게 살라는 경계를 가르쳐준 존재였다고 생각된다. '도깨비'는 우리 주변에 실제로 있었음이 분명하다.

'도깨비'는 국어사전에 '동물이나 사람의 형상을 한 잡된 귀신의 하나, 비상한 힘과 재주를 가지고 있어 사람을 홀리기도 하고 짓궂은 장난이나 심술궂은 짓을 많이 한다고 한다'고 풀이되어 있다.

전국적으로 '도까비', '토까비', '도채비', '허깨비' 등으로 분포하고 있는 것을 볼 수 있다. 이들은 원래 어떤 의미를 가진 말이었을까?

1 도깨비, 도까비, 토까비

'도깨비'의 옛말은 일찍이 '돗가비(15세기)'로 문헌에 나타난다. 그 후 '독갑이(17세기)', '도깨비(20세기)'로 바뀌었다.

중세국어 '돗가비'를 '돗+가비', '돗ㄱ+아비'로 볼 수 있는데, 현대국어 표준어에 '도섭', '도섭을 떨다'란 말과 비교해 보면, '도섭(돗+업)'은 '주책없이 능청맞고 수선스럽게 변덕을 부리는 짓'을 말하므로 '도깨비'가 '밤에 나타나는 헛된 것' 정도로 해석이 된다면 공통적으로 '헛것', '변덕'

을 뜻하는 '돗-'의 형태를 찾아낼 수 있을 것이다.

그래서 '돗가비(돗ㄱ+아비, 돗+가비)'의 '돗'은 바로 '헛된 것', '헛것'의 의미로 볼 수 있으며, '-아비', '-가비'는 '허수아비'의 '-아비', '허깨비'의 '-개비(〈가비)'처럼 '사물'에 붙는 접미사이다. 그래서 '돗가비>도까비>도깨비'로 변해 왔을 것이다.

서북방언의 '도까비'는 15세기의 '돗가비'가 변형 없이 그대로 이어 내려온 고어 형태임을 알 수 있다.

2 도채비

서남방언의 '도채비'는 위의 '도깨비'가 '도깨비>도째비>도채비'와 같이 변한 모습이다.

'도채비'가 나타나는 지역의 **ㄲ-ㅊ** 교체는 '가깝다>가찹다', '도끼>도치' 등에서도 볼 수 있다.

3 허깨비

대체로 경상도와 충청도에서는 '도깨비'를 '허깨비'라고도 한다. 참고로 표준어 '허깨비'는 '기(氣)가 허(虛)하여 착각이 일어나, 없는데 있는 것처럼, 또는 다른 것처럼 보이는 물체'를 말하며 원래 '도깨비'와는 다른 의미였다.

그런데 따지고 보면 '허깨비'나 '도깨비'는 둘 다 '헛것'처럼 나타나는 특성에 빗대어 부르게 된 말이니, 결국 이 둘은 서로 통하는 말이라고 볼 수 있다.

도깨비에게 홀려서 죽은 서당선생

허깨비(도깨비)라 카는 기 참 있기는 있다. 이것도 한 올게 오십칠팔 년 됐어요. 여 참 거 우리 글 갈치던 선생이 여(여기) 의흥 사는 그 어른이 참 이 어른이 점잖하지요. 이 어른이 동짓달 그래 인제 눈이 오고 얼음이 꽝꽝 얼었고 이런데,

"그래 야들아 내가 내일이면 집에 가서 밤에 와야 될낀데, 그래 여 보리재라 카는 그곳을 내가 갈 챔이니께네 그 골이 아주 석막하잖아."

억시기 춥었어요. 그래 인자 참 이 어른이 참 그 질러간다꼬 거 산골로 드갔어. 가다가 토째비(도깨비)한테 홀끼가주고(홀려가지고) 학자가 되서 인자 경문을 외왔어요. 거어서 집으로 몬 가고 거어서 밤을 마 새왔어요. 거게 사람이 오다가 참 그 어른을 봤어요.

"내가 오늘 집에 간다꼬 어제 나서가주고 오다가 허깨비(도깨비)한테 홀끼가(홀려서) 그랬는지, 내가 마음이 부실해가 그런지 옷도 전부 다 베리고 이래가 있는데, 이거 내가 기진맥진하고 배도 고프고 이거 내 큰일났다." 그어른이 거게서 그 고초당코 한 오일 시들다 그 어른이 참 세상을 떠났어요.

군위군 산성면 설화

23. 도마뱀

도배뱀
돔바뱀

도배뱀
도매배미

장지뱀

장지뱀

장자뱀
장작뱀

장자뱀
도매뱀

동아뱀
도매뱀

동아뱀
도매배암

동아뱀
동아배암

돔뱀.도매뱀
도마배암

동아뱀
동애배암

돔뱀.도마배암
도마뱀.돔배미

동아뱀
동애배암

장쿨래비
독다구리

위험하다 싶으면 자기의 꼬리를 미련없이 자르고 달아나는 '도마뱀'을 보고 신기하고 당황했던 어린 시절이 생각난다. 이와 비슷하게 개울가의 '참게'도 큰 앞발이 잡히면 이것을 쉽게 자르고 도망가는데, 올가미에 뒷발 하나가 걸려 도망가지 못하고 동네 청년에게 잡혀가는 산토끼를 보며 안타까워한 적이 있다.

'도마뱀'의 긴 꼬리는 위험을 당하면 저절로 끊어졌다가 새로 난다고 한다. 전국적으로 크게 '장지뱀', '장자뱀', '도배뱀', '동아뱀', '돔뱀', '장쿨래비' 등의 말들이 사용된다. 이 말들의 출발점은 어디였는지 살펴보자.

1 도마뱀, 돔뱀

표준어 '도마뱀'은 옛말 '도마비얌(16세기)'으로 나타나 '도마뱀(20세기)'으로 이어진다. '도마'와 '비얌(뱀)'으로 이루어진 말인 것을 알 수 있다.

'도마+뱀'에서 '도마'는 '도막(토막)'에서 ㄱ이 탈락한 형태라 볼 수 있을 것 같다. 표준어 '도막'은 '물건을 잘라 놓은 상태'를 말하므로 '도마뱀'은 꼬리를 도막내는 뱀이라는 뜻으로 본다. 실제로 잡힐 듯하면 가차 없이 꼬리를 잘라 버린다.

그리고 '도마'는 '음식의 재료를 자르는 판'을 말하기도 하는데, 대체로 이것은 '도막'에서 ㄱ이 탈락한 형태로 보며, 아직도 ㄱ이 남아 있는 '도막(강원·경기)', '칼도막(충남·충북·황해)', '토막(황해)' 등을 보면 그럴 가능성이 높다. '도막'은 나중에 '토막'으로 거센소리로 변하는데, 이것은 '갈>칼(刀)'의 변화와 같다. 그래서 '도마뱀', '도마' 등은 '도막'이 '토막'으로 변하기 이전에 생겨난 말이라고 할 수 있다.

동남방언의 '돔뱀', '돔배미'는 '도마뱀'이 그대로 줄어들어 '도마뱀>돔뱀'으로 변하고, 여기에 접미사 '-이'가 붙어서 '돔배미'가 된 것으로 보인다.

② 동아뱀

주로 서부 지역(경기도, 충청도, 전라도)에 분포하는 '동아뱀', '동아배암'은 '도마뱀', '도마배암'에 ㅇ이 첨가된 모습이다. 이와 같은 모습은 지역 방언에서 흔히 볼 수 있는 모습 '또아리(똬리)-똥아리', '소쿠리-송쿠리'에서 볼 수 있다.

③ 장지뱀, 장자뱀, 장쿨래비

평안도, 황해도, 강원도에서는 도마뱀을 '장지뱀', '장자뱀'이라고 하는데, 사실 표준어 '장지뱀'은 도마뱀과 생김새가 비슷하지만 '도마뱀보다 3배 정도로 큰 도마뱀'이라고 나와 있다. 아마 이러한 지역에서는 '장지뱀'과 '도마뱀'을 구분하지 않고 그냥 '장지뱀', '장자뱀'이라고 부르고 있는 것이라 본다. 제주도의 '장쿨래비'는 어원을 쉽게 알기 힘들다.

④ 도배뱀

함경도에서는 '도배뱀'이라고 하는데, 나무의 '도막'을 서남방언에서 '돔박'이라고 하고, '도마(음식 써는 판)'를 강원도에서 '돔배', '톰배'라고 하는 점을 생각해 보면, 이와같이 ㅁ-ㅂ교체를 보인 '도매뱀-도배뱀' 형태가 나타났을 가능성이 있다.

어변당과 도마뱀의 복수

잠을 자는데, 꿈에 아주 그 백수 노인이 이렇게 나타나 가지고서는 아, 내가 지금 내일 그 참 오시가 되면은 용이 되 가지고 등천을 할 시간인데, 조 건네구 저 계곡에 하 <u>도마뱀(도마뱀)</u>이란 넘이 한 넘이 있어 가지고서 자꾸 나를 방해로 한다. 그러니께 나를 도와서 좀 등천하도록 해 주시오."그래 인자 꿈이 깨 버렸는데, 그 골짝에 가 보니까, 아 이거 큰 <u>도마뱀(도마뱀)</u>이가 마 거어 있어요. 그 활에다 인자 독을 묻힌 그 화살로 대고서 쏘아 버렸다. 마 도마뱀이 죽어<중략>

그래 박장군은 그것도 모르고 인자 떡 받아 가지고, 인자 깔고 누어서 잘라고 딱 누어서 잠이 들었는데, 아, 지난 날에 쏴아 죽인 그 도마뱀이 말이야, "이제사 원수를 갚았다."이래 카고 마 사라져 삤다. 아, 깨 보이꺼네 흉몽인데, 인자 박장군이 그 자리에 누어자다가, 자리 끝에 요만한 까시가 하나 있었어. 인자 찔리 가지고 말이야. 덧이 나 가지고 오래 신골 하다가 마 돌아가셨습니다.

밀양군 밀양읍 설화

24. 도토리

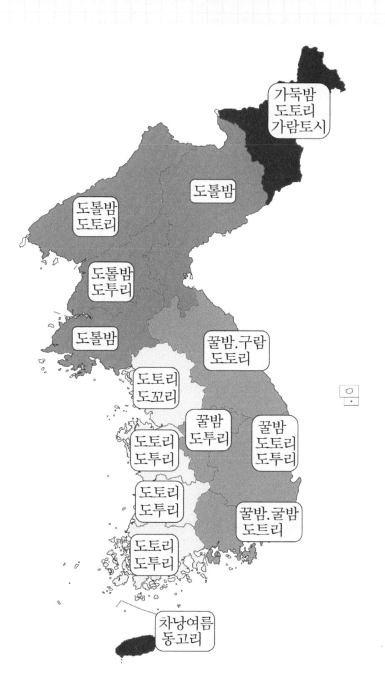

가둑밤
도토리
가람토시

도톨밤

도톨밤
도토리

도톨밤
도투리

도톨밤

꿀밤·구람
도토리

도토리
도꼬리

꿀밤
도투리

꿀밤
도토리
도투리

도토리
도투리

도토리
도투리

꿀밤·굴밤
도트리

차낭여름
동고리

'다람쥐, 오소리, 멧돼지의 겨울 양식을 가로채지 맙시다.' 이런 현수막이 붙어 있는 것을 한두 번 본 적이 있다. 자연과 함께하고자 하는 노력의 한 모습인데, 식량이 부족하던 시절에 '도토리', 상수리는 묵이나 밥을 해 먹을 수 있는 소중한 먹거리였다고 한다. 그러니 당시에는 사람의 양식이었다고도 말할 수 있을 것이다. 오죽하면 '꿀밤'이라는 말을 사용하기도 하였을 것인가.

'도토리'는 '갈참나무, 졸참나무, 물참나무, 떡갈나무 따위의 열매를 통틀어 이르는 말'이다. 북한 전역에서는 '도톨밤'이라 부르고, 남한의 동부쪽을 따라 '꿀밤'이라 하였고, 서부 쪽으로는 표준어와 같은 '도토리'라는 말을 사용하고 있다. 제주도의 '차낭여름'이 눈에 띈다. 이 말들이 생겨난 유래를 살펴보자.

1 도토리, 도톨밤

'도토리'는 한글이 없던 시절에 『향약구급방(13세기)』이라는 책에 이두표기로 '猪矣栗(저의율)'로 표기되어 있고, 한글 창제 이후에는 '도토밤(15세기)'으로 문헌에 나온다.

위의 두 말을 비교해 보면 그 어원을 짐작할 수 있다. 먼저 '猪矣栗(저의율)'은 '猪(돼지 저)+矣(의)+栗(밤 율)', 즉 '돼지의 밤'이라는 뜻인데, 한글표기 '도토밤'을 분석해 보면 '돝+오(의)+밤'으로 보는데, 여기서 '돝'

은 중세국어에서 '돼지'를 말하므로 '도토밤' 역시 '돼지의 밤(猪의 栗)'으로 이 둘은 의미가 일치한다. 그래서 그 후에 나온 '도토리'는 '도토밤'의 '밤' 대신 접미사 '-리'로 대체되어 '도토리(16세기)'가 생겨난 것으로 짐작된다.

그래서 북한에서 널리 사용되는 '도톨밤'은 이와 거의 비슷한 중세국어 '도토밤'의 모습을 간직한 고어 형태인 셈이다.

그리고 도토리 중에서도 동그랗고 커다란 것을 표준어로 '상수리', '상실(橡實)'이라고 하는데, 이는 '상수리나무(橡)'에서 열리는 열매(實)를 말하며 지역에 따라서 '상:소리', '상시리', '상도토리'라고도 한다.

② 꿀밤

강원도, 경상도, 충청도 등에서는 '도토리'를 '꿀밤'이라고 하는데, '졸참나무'를 '굴밤나무'라고도 하고 표준어에도 졸참나무의 열매로 '굴밤'이 실려 있다. 그래서 '꿀밤'은 원래 '굴밤(굴밤나무의 열매)'이 '굴밤>꿀밤'으로 변화한 것으로 볼 수 있고, 혹은 그대로 '꿀같이 맛있는', '꿀같이 소중한 밤'으로도 생각된다. 참고로 강릉에서는 '구람'이라고 하는데, '굴밤>굴밤>굴암>구람'으로 변한 말이다.

지금도 도토리를 '묵'을 쒀 반찬으로 먹지만, 예전에 곡식이 부족한 시절에는 도토리를 소중한 양식으로 대용했다고 한다.

③ 차낭여름, 가둑밤

제주도의 '차낭여름'은 '참나무+열음'으로 보인다. 제주도에서 '나무'를 '낭'으로 부르기 때문이다. 그리고 '여름(15세기)'은 '열매'를 뜻하는 고어인데, 아직 제주에서 사용하고 있는 것을 본다. 참고로 지금의 '여름(夏)'은 '녀름(15세기)'이었다.

함경도에서는 떡갈나무, 졸참나무를 '가둑나무'라고 말한다. 그래서 함

경도의 '가둑밤'은 '가둑나무에 열리는 밤'이라는 뜻이다. 함경도에서는
도토리를 그냥 '밤'이라 부르기도 한다.

임금과 허교한 백봉선생

　어떤 노인이 말이지, 그래 어데 가이까 초가 삼칸에 쪼맨한 집이 있는데,
나이는 많은 노인인데 이 양반이 짚신을 삼고 있는 게라. 그래 이래 인제 앉어
인사를 하고, 그래 요 시장끼가 나이까 말이라. 시장끼 나. 지금도 글치마는.
그래 인제 가만 보이까 그 뭘 가주 왔나 하만 그 도토리만한 인제, 요새 꿀밤
(도토리)이라 그지요. 꿀밤(도토리) 말이래, 꿀밤(도토리). 이걸 가주 왔어.
　"여보시오, 당신 올해 나이가 얼맵니까?" 이카이(그러니까),
　"그래요." 나이가 똑 같그던. 그래, "저게, 자네 한 번 놀러 한 번 오게!"<중
략> 그이 이 양바이 뭐 촌사람이라. 그래 뭐냐 하면 비(빗자루)를 막 비를 턱
더어(두어) 자루 해 맸어(만들었어). 자기집 꿀이 있으이까, 꿀 한 더(두어)
봉 떡 싸가주고 한양 천리라! 갔어요. 그래 글째(그때) 뉘긴고 하마 숙종대왕
인데, 인제 그 암행을 나왔는데. 그래서, "이 사람아 괜찮네." 허기(許交 허교
-벗으로 사귐)를 했으이까,

봉화군 봉화읍 설화

25. 두부

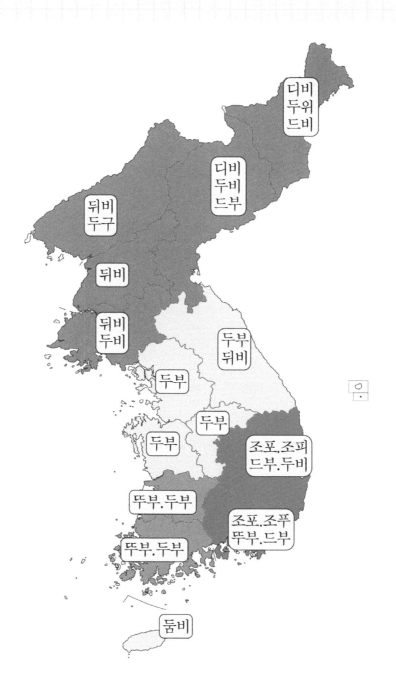

디비
두위
드비

디비
두비
드부

뒤비
두구

뒤비

뒤비
두비

두부

두부
뒤비

두부

조포.조피
드부.두비

두부

뚜부.두부

조포.조푸
뚜부.드부

뚜부.두부

둠비

어릴 때 할머니의 고소한 두부 맛을 자라서는 한 번도 맛볼 수 없었다. 콩 맛이 변한 것일까, 제조 과정이 다른 것일까? 내 까다롭게 변한 입맛이 고급이 되어 변하였을 것이라고들 말한다.

'두부'는 물에 불린 콩을 갈아서 짜낸 콩물을 끓인 다음 간수를 넣어 엉기게 하여 만든다. 북한에서는 거의 전역에서 '디비', '뒤비'라고 하고, 중부방언에서 '두부', 서남방언 위주로 '뚜부', 제주도는 '둠비', 동남방언에서 '조포'라는 말을 사용한다. 이들 말들은 어떤 의미로 생겨났을까?

1 두부, 뚜부, 둠비

'두부'는 대체로 한자어 '두부(豆 콩 두, 腐 썩을 부)'에서 온 말로 보고 있다. 글자 그대로 본다면 '콩을 발효시켜서 만든 것'이라는 의미이다. '두부'는 콩을 갈아서 두부를 만드는 과정을 표현하는 적절한 방법을 찾다가 만들어낸 말로 보인다.

남부방언(전라도, 경상남도)의 '뚜부'는 '두부>뚜부'로 변한 경음화의 모습이다.

제주도의 '둠비'는 '두부>둠부>둠비'로 보이는데 ㅂ앞에서 ㅁ이 첨가되는 모습은 지역 방언의 '도막>돔박', '두레박>두룸박' 등에서 볼 수 있는 현상이다.

② 뒤비, 디비

북한에서는 '뒤비', '디비'라고 하는데, '두부>뒤비>디비'로 ㅣ모음역행동화를 보인 형태로 볼 수 있다.

함경북도의 '두위'는 ㅂ음이 약화되어 '두부>두뷔>두뷔>두위'의 과정을 생각해 볼 수 있다.

③ 조포

경상도의 '조포'는 한자어 '조포(造 만들 조, 泡 거품 포)'에서 왔다. 우리나라에서는 '두부'를 '포'라고도 하였는데, '조포(造泡)'는 그대로 '두부(거품)를 만들다(제조하다)'는 뜻을 지닌 말임을 짐작할 수 있다. 예전에 관가(官家)에 두부를 만들어 바치던 곳을 '조포소(造泡所)'라 하고, 능(陵)이나 원소(園所, 왕 친척의 산소)에 속하여 나라 제사에 쓰는 두부를 맡아 만들던 절을 '조포사(造泡寺)'라 불렀던 점 등을 보면 더욱 그러하다.

아마 '포(泡 거품 포)'는 두부를 만들 때 '거품'처럼 일어나는 모습을 본따 지은 이름이라 본다.

같은 지역 방언 '조피', '조푸' 등의 변이형을 볼 수 있다.

삼십 년 간의 부자(富者)

꿈에 허연 노인이 오디마는,

"내가 앞집 부자의 지키미(지킴이)다. 지키민데 지금 부자는 앞으로 불원간 망할 챔이니 내가 너어집으로 올 챔이다. 너어집으로 올 챔이니 그래 할라나?"

"좋기는 좋읍니다마는 및 해(몇 해) 있다가 가실랍니까?"

"삼십 년 있다 간다." "아이고 그러면 우리집에 오시지 마시오. 내가 요대로 지키는 기 좋재, 에 부자 되가지고 내가 삼십 년 후에 거러지되는 거보다는 요대로 지키는 기 더 낫읍니다."

"그러만은 요 앞집 조포재이(두부장이)가 있는데 조포재이 집으로 간다."

"아 그리 가시오." 아, 조포재이 집에는 각중에(갑자기) 고마 부자게 되네. 조포(두부)도 해놓이 잘 되고 머 여러 가지 일을 해놓이 잘 되. 자꾸 부자가 되는 기라. 그래가주고 참 한 삼십 년 되이까, 고만 거 조포재이하던 집이 머 이랬다가 고만 망해드간다 말이라. 사람부터 망하거던. 살림살이 안 될라카마(안 되려면) 사람부터 망하는 기라.

"그래 너어 봐라. 우리집이 삼, 저 업이 삼십 년 있어가주고 일이 저래 되만 될나 안 될나?" 카는 기라.

군위군 소보면 설화

26. 따리

우리말 변화의 모습
• 쏘애(18세기)
• 쏘아리(19세기)
• 또아리(20세기)
• 똬리(20세기~현재)

'짚이나 천을 둥글게 틀어서 짐을 일 때 머리에 받치는 고리 모양의 물건'을 표준어로 '똬리'라고 한다.

양손에 물건을 들고도 커다란 물동이를 머리에 인 아낙을 본 일이 있는가? 헤아릴 수 없는 시간의 내공이 쌓여야 그런 균형 잡힌 자세를 유지할 수 있을 것이다. '똬리' 사진 한 장을 예쁘게 찍어 보려고 했는데 쉽지 않아 오랜 시간을 찾아다녀야 했다. 문득 생각한다. "우리 삶에서 수천 년을 이어오다 불과 몇 년 사이에 주변에서 사라진 물건과 이름이 너무나 많구나."

북한에서는 거의 전역에서 '따바리(따발)'라고 하고, 동남방언에서 '따뱅이', 중부방언에서 '똬리', '똥아리', 서남방언에서는 '또가리'라는 말을 사용한다. 이들이 뜻과 변화를 알아보자.

1 똬리, 똥아리

'똬리'의 가장 오랜 옛말은 '쏘애(18세기)'인데, 이를 통해 그 원래 의미를 짐작할 수 있다. '쏘애'를 '정권자(頂 정수리 정, 圈 말 권, 子 물건 자)'라고 풀이해 놓고 있는데, 이는 '머리의 정수리에 말아 놓은 물건'으로 해석된다.

그래서 '쏘'는 '말다(圈)', '돌다(回傳)'의 뜻으로 원래 '쏠'에서 나온 말로 볼 수 있다. 표준어 '똬리'는 이 '쏠'에 '-아리(작다)'라는 접미사가 합해서 '*쏠아리>쏘아리>또아리>똬리'로 ㄹ이 탈락하고 축약의 과정을 거친 말이라 볼 수 있을 것 같다.

그리고 충남에서 볼 수 있는 '똥아리'는 '또아리'에 ㅇ이 첨가된 모습인데, 이러한 모습은 지역 방언에서 '도마뱀−동아배암(충청도, 전라도)'에서 볼 수 있는 모습과 같다.

2 또가리, 뚜께

19세기 문헌에 '쏘아리'는 20세기 이후 '또아리'로 변한다. 전라도의 '또가리'는 '또아리'에 ㄱ이 첨가된 것으로 보인다.

그리고 '또가리'가 함께 분포하는 지역에 보이는 '또바리'는 ㄱ−ㅂ 교체로 볼 수 있는데, 이는 '또가리'와 인접하는 '따뱅이'의 ㅂ(뱅)에 영향을 입은 것으로도 볼 수 있을 듯하다. 제주도의 '뚜께'는 유래를 알기 어렵다.

3 따바리, 따발

주로 북한 전역에서 널리 분포하는 '따바리', '따발'은 '또+아+바리' 형태가 '또아바리>똬바리>따바리>따발'로 변해 온 것으로 보인다. 신기하게도 '따바리'는 국토의 북쪽과 최남단(경남)에 나타나는 형태인 것을 볼 수 있다.

그리고 '따바리(따발)'는 북한의 '따발총'과 관련이 있는 말이다. '따발총'은 총알을 넣는 둥그런 탄창이 마치 '따발(따바리)'처럼 동그랗게 생겼다는 의미로 '따발총'이라는 말이 만들어졌다고 한다. 지도에서 보듯 함경도에서는 '따발'이라고 하기 때문이다.

4 따뱅이

주로 경상도에서 볼 수 있는 '따뱅이'는 원래 '또아−'가 줄어든 형태 '똬−>따−'에 접미사 '−뱅이'가 합하여 생긴 말로 보인다. 여기서 '−뱅이'는 작은 물건에 붙는 접미사인데 지역 방언 '소두뱅이(솥뚜껑)', '달뱅이(작은 논)' 등에서 볼 수 있다.

'따반지', '따방구' 역시 '－반지', '－방구'처럼 다양한 접미사가 붙어서 생겨난 말들이다.

시집살이 노래

열다섯에// 머리얹어
열여섯에// 시집가니
시집간후// 사흘만에
일거리를// 준다하니
들깨닷말// 참깨닷말
볶아라고// 내어주네
－－－－－－－－－－－－
은동우깨진// 사흘만에
은따뱅이(은똬리)를// 깨었구나
－－－－－－－－－－
시누아기// 하는말이
형아형아// 올키형아(올케 형아)

너그친정(너의 친정)// 찾어가서
주게조리(주걱조리)를// 다팔아도
은따뱅이(은똬리)// 물어오이라

의령군 정곡면 민요

27. 마루

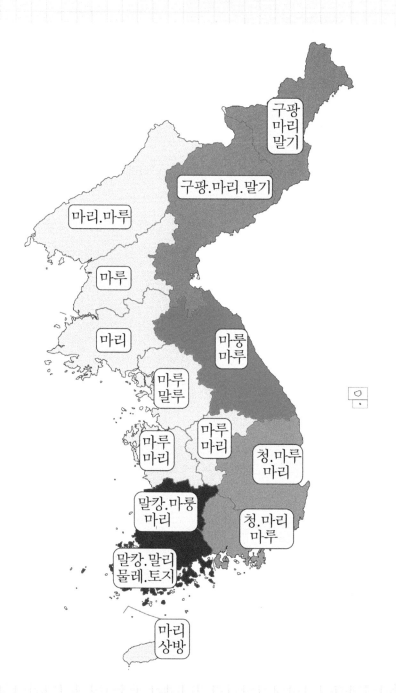

구팡
마리
말기

구팡.마리.말기

마리.마루

마루

마리

마룽
마루

마루
말루

마루
마리

청.마루
마리

마루
마리

말캉.마룽
마리

청.마리
마루

말캉.말리
물레.토지

마리
상방

우리말 변화의 모습
- 무르(17세기)
- 마로(17~19세기)
- 마루(17세기~현재)

'마루'는 '방문 앞(집채 안)에 바닥과 사이를 띄우고 깐 널빤지'. 또는 '그 널빤지를 깔아 놓은 곳'을 말한다. 물론 지역에 따라, 집의 형태에 따라 '마루'가 없는 집도 더러 있었다.

'마루', '마리'형은 전국적으로 널리 분포하고 있다. 동북방언에서는 '구팡'이라는 특이한 형태가 보이고, 강원도에서는 '마룽', 서남방언에서는 '말캉', 그리고 동남방언에 '청'이 자리잡고 있는 것을 볼 수 있다.

1 마루, 마룽

'마루'의 어원에 대해서는 몇 가지 견해가 있다. 첫째, '마루(宗)' 그대로 '우두머리', '뛰어난 것'의 의미로 보기도 하고, 둘째는 '맏아들', '맏형'과 같이 '맏'을 '위(上)', '머리(首)', '높다(高)'로 보아 '*맏우(맏+우)＞마루'의 변화형으로 보기도 하고, 셋째 '마(大 크다, 前 앞)'에 '누(樓閣 누각)'로 보아 '커다란, 또는 앞에 있는 누각'으로 보기도 한다. 이 세 가지 관점 모두 '마루'는 '머리(首)', '높은 곳(高)', '크다(大)' 등의 의미를 담고 있음을 알 수 있다.

사실 현대 표준말 '마루'의 의미는 '땅바닥보다 조금 높은 곳에 놓인 나무 널빤지'를 말하지만, 예전에는 '높은 곳에 놓여진 누각'을 뜻하기도 했다고 한다. 제주도의 '상방(上房)'도 '높이 놓인 마루'의 의미를 지닌 말일 것이다.

전국적으로 '마리(마루의 변이형)', '마루'가 널리 분포하고 있는 것을 알 수 있고, 서남방언에 '말리', '물레'도 눈에 띈다. 강원도에 보이는 '마룽'은 '마루>마룽'으로 ㅇ첨가의 모습인데, '지붕(집우+ㅇ)'처럼 '마루+ㅇ'으로 볼 수 있을 것 같다.

2 말캉

'말캉'은 주로 전라도에서 사용하는 말이다. 이 지역에서 '말캉'과 함께 '마룽캉', '마룽칸'을 사용하는 것으로 보아 원래는 '마루칸>마룽칸>마룽캉>말캉'이 아닐까 생각된다. 물론 이 지역에서는 '말레', '물레', '마리', '마룽' 등도 두루 사용되고 있다.

3 청

경상도의 '청'은 같은 의미인 '대청(大廳)'에서 본딴 말로 보이는데, 이 '청'은 한옥에서, 몸채의 '방과 방 사이에 있는 큰 마루'를 말한다. '청'의 옛말은 '텽'이었다. '손텽(16세기)'이란 말이 있는데 이는 '손님을 맞이하는 객실(客室)'을 말한다. '손텽'의 '텽'은 '텽>청'으로 변해 왔으며 여기서 '텽(청)'은 '대청'을 의미하고 있는 것으로 짐작된다.

그런데 현재 '청'을 '마루'의 의미로 사용하는 지역은 예전부터 굳이 '마루'와 '대청' 둘을 구분하지 않고 사용했던 것 같다. 혹은 집의 구조에 '대청'이 따로 없는 집에서 '청'을 '마루'의 의미로 사용하였을 가능성도 있어 보인다.

4 구팡

함경도의 '구팡'은 원래 표준어의 '토방(마루 밑의 땅, 마당보다 높게 길게 흙으로 쌓은 땅)'과 같은 뜻이다. 그런데 이곳의 가옥구조에서는 대체로 나무로 만든 마루를 따로 놓지 않기 때문에 '구팡'이 마루를 대신하였다고 볼 수 있다.

말곡리 호랑이의 횡포

그때에는 호랭이(호랑이)가 쌨드랬어요(많았어요). 이 말곡리에서 아들도(아이들도) 많이 물어 갔어요. 그 경주 김서방네 집에서 아(아이) 하나 물어 가고, 또 세 살 먹은 아 또 즈(자기) 어머니가 에, 꺼 난고(끌어안고) 앉았는 걸, 그 와서 휘비쳐(헤집어) 뺏어가고, 그렇게 흔하드래요.

마카 남자들은 이제 놀러 가고 혼자 이래, 그 촌집에 여게 모두 <u>마룽(마루)</u>이 있잖아요. <u>마룽(마루)</u>이 있어. 이래 문을 열어 놓고, 이렇게 언나를(어린 아이를) 안고 있는데, 그 뭐이, 그 앞에 논두렁에서 훅 튀어 나오고 훅 튀어 나오고 이러드래요. 언나를 자는데 꺼난고(껴앉고) 앉았는데 훅 빼서 가더래. 그래 아우성을 치니 동네설란 사람들, 젊은 사람들이 이 송정리에 더운데 놀러 갔다가 쫓아 오니 깜깜한 그믐밤에 어디로 갔는지 아우(알아요)?

그래 그 이튿날 아침에 저기 저 아래 괘롱산이라고 농골재 가는 데 있어요. 그래 글로(그리로) 가 보니, 그리로 발짜구(발자국)가 올라간 데 가 보니까 다 먹었드래요. 다 먹구선 이 대가리만 짤라서 내놓고 몸뚱이는 다 먹었드래요.

속초시·양양군 현북면 설화

28. 멍석

　표준어로 '덕석몰이[덕썽모리]'라는 노래가 있다. 강강술래의 한 대목인데, "몰자 몰자 덕석을 몰자." 하는 소리를 번갈아 부르면서 맨 앞사람이 왼쪽으로 둥글게 돌면서 중심을 잡으면 뒤를 따르던 놀이꾼들은 차례로 '멍석'을 말듯이 겹겹이 빙글빙글 돌아드는 놀이이다. 재미있는 것은 '덕석'과 '몰이'는 둘 다 방언으로 '멍석'과 '말이(捲 말 권)'를 말하는데 이 두 방언의 합성어인 '덕석몰이'가 표준말로 등재되어 있다는 점이다. 어쩌면 '덕석', '몰이' 등은 이전 시대에는 보편적으로 사용되던 말이었을지도 모른다. 물론 '멍석말이'도 뜻은 좀 다르지만 표준말로 실려 있다.

　표준어 '멍석'은 '짚으로 새끼 날을 만들어 네모지게 걸어 만든 큰 깔개'를 말하는데 '망석'이라고도 한다. 전국적으로 보면 '덕석', '멍석'이 가장 많이 분포하고 '몽석', '초석' 등을 볼 수 있다. 이 말들은 어떤 의미로 생겨났을까?

1 멍석, 몽석

　'멍석'은 비교적 문헌에 늦게 나타나는 말인데, '멍셕'(19세기)'이 나중에 단모음화 하여 '멍석(20세기)'으로 변한 말이다. 이 '멍석'은 대체로 한자어 '망석(網席)'이 '망셕>멍셕'으로 바뀐 형태로 보고 있다. 즉 '망(網 그물 망)'처럼 엮은 '자리(席)'를 말한다. '망석-멍석' 음운교체는 '마리-머리(頭)'에서도 볼 수 있다. 표준국어대사전에도 '망석(網席)'과 '멍석'

이 동의어로 실려 있다. '몽석'은 음운변화형으로 보인다.

박인로의 '누항사(17세기)'에 보면 머리에 쓴 '먼덕'이란 말이 나오고 이를 '멍석'으로 풀이하는데, 사실 이것은 지금과 같이 넓게 만들어 곡식을 말리는 '멍석'의 의미가 아닐 가능성이 크다.

2 덕석

주로 남부지역에 '덕석'이 자리잡고 있는데, 이 '덕석'은 표준국어대사전에 실려 있는 '쇠덕석', '말덕석'이라는 합성어와 관련이 있는 말이다.

'쇠덕석'은 '추울 때 소의 등을 덮어 주는 멍석', '말덕석'은 '말의 등을 덮어 주는 멍석'이라고 풀이되어 있다. 비록 '쇠덕석', '말덕석'에는 '곡식을 널 때' 사용하는 '멍석'의 의미는 아예 없지만, '덕석'은 원래 '독석(犢 송아지 독, 蓆 자리 석)'은 '독석>덕석'으로 변한 말이라는 견해가 설득력이 있어 보인다. 즉 농가에서 추운 겨울에는 소의 등과 배를 따뜻하게 덮개를 덮어 주어야 하는데, 그냥 짚으로 덮어주면 그것을 소가 배가 고플 때 뜯어먹게 되므로 그러지 못하도록 단단하게 짜서 만든 덮개가 바로 '독석(犢蓆)'이었던 것이다. 이 '독석'은 바닥에 펼치면 곡식을 널 때도 적절하게 사용하게 되므로 후에 '멍석'의 역할로 자연스레 사용된 것이라 보여진다. 이 '독석'은 차츰 '덕석', 또는 '덕시기'로도 불리어 왔을 것이다.

3 초석

제주도에서 사용되는 '초석(草蓆)'은 '풀을 엮어서 만든 자리', '풀로 만든 멍석'이라는 뜻으로 보인다.

함경남도의 '건치'는 '마른 풀(乾 마를 건, 荏 풀 모양 치)'로 보아 여기에도 '풀(草)'이 들어 있는데, '건치'는 원래 함경도에서 '가마니', '거적이', '멍석'의 의미로 사용되고 있는 방언이었다.

아내 길들이기

서방님이 하도 어린께, 인자 거시기 어메(어머니) 아버지는 밭에 가고 없는디, 마누라는 베를 짜고 있고,

"서방님은 새를 보라."고 했어. 인자 새를 보라고 한께, 갖다가 <u>덕석(멍석)</u> 가에서 새를 보면서, 그래

"훠~훠이." 하고 있는디, 미운께로 갔다가 벳대로(베를 짜는 막대로), "아나 맞어라." 하고, 서방님을 때려버렸어, 베짜다가. 그러니께 장독아지(장독)가 가에가 있던가, 장독아지가 바싹 깨져가꼬는 장이 다 흘러뿌요(흘러버려요).

"오냐! 나 미워라하고 니가 나를 쎄렸지(때렸지). 우리 엄마 오면 일러불란다." 그런께, 가슴이 두끈두끈해서 애러져 죽것제. 그래도 서방님이라고 어메가 온께,

"내가 새보다가 독(돌)을 떤진께 그냥 팍 깨져버렸다."고, 남편이 그러고 숨겨버렸어.

화순군 한천면 설화

29. 무당

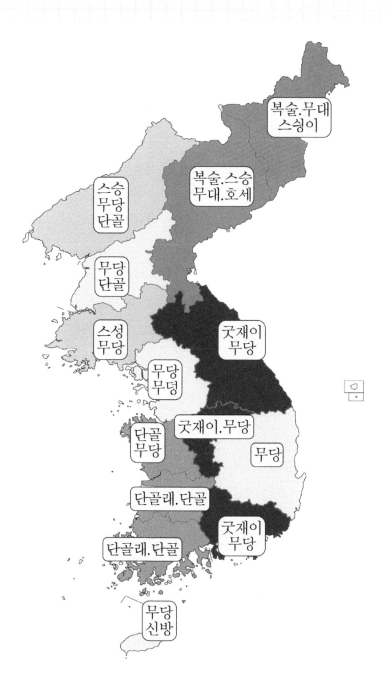

복술.무대
스싱이

복술.스승
무대.호세

스승
무당
단골

무당
단골

굿재이
무당

스성
무당

무당
무덩

굿재이.무당

무당

단골
무당

단골래.단골

굿재이
무당

단골래.단골

무당
신방

　　김동리의 소설 〈무녀도〉에는 오랜 전통으로 내려오던 가치들이 새로운 변화의 소용돌이 속에서 허우적거릴 때 이를 지키려는 비극적인 인간의 한 모습을 형상화한 작품이다. '무당'이란 귀신을 섬겨 길흉을 점치고 굿을 하는 여자를 이른다. '무당', '무녀'는 이제 주변에서 쉽게 찾아보기 힘들다.

　　표준어의 '무당'은 전국적으로 고루 분포하고 있고, 동북방언에서는 '복술'이라 하고, 평안도, 황해도 등에서는 '스승', '스성', 서남방언 중심으로 '단골', 강원, 충청, 경남에서 '굿쟁이'라고 한다. 이들의 원래 의미를 더듬어 보자.

1 무당

　　먼저 표준어 '무속(巫俗)'은 '무당과 관련된 풍속'을 말한다. 그리고 '무당'은 한자를 빌려 '巫堂(무당)'으로 적기도 한다. 이러한 '무당'의 의미를 '신어(神語)를 전달하는 사람'을 뜻하는 만주어 '무단(mudan)'에서 온 말이고, '묻다(問)'의 '묻-'과 '무당'이 통한다는 견해가 주목을 끈다. 즉 '무당'은 '묻(語)-'에 접미사 '-앙'이 합하여 결국 '무당'이란 '언어의 중계자'라고 말한다.

　　표준어에서도 '무꾸리'라는 말이 있는데, 이 말은 옛말 '묻그리(15세기)'에서 온 말로서 '무당에게 길흉을 점치는 일'을 말한다. 이로 본다면

'무당'은 말로써 '묻고 답하는 존재', 즉 '신과 말을 주고받은 그런 사람'을 지칭하였을 가능성이 높다. 또 '무당'의 '무(巫)'를 몽고어의 '춤추는 여인', '여무(女巫 Utagan)'로, '당'은 '여무'의 존칭 접미사로 보기도 한다.

2 단골, 단골래

표준어로 '늘 정하여 놓고 거래를 하는 곳'을 '단골집'이라고 하는 말이 있는데, 서남방언에서 '단골', '단골래'는 '굿할 때마다 늘 정하여 놓고 불러 쓰는 무당'을 말한다. '단골'은 원래 '세습무'의 의미였으나, 후에 '단골집', 혹은 '단골손님'의 의미로 확대되어 쓰였다. 그런데 이 '당골'을 만주어 '텡그리(Tengri)'가 '텡그리>당고르>당골'로 바뀌었고, '단군'과도 통한다는 주장이 있다. 원래 '텡그리'는 '신(神)'을 말하므로 우리나라의 '단군'은 '신과 인간을 연결하는 무당, 제사장'이라고 말할 수도 있을 것 같다.

3 굿쟁이

원래 '굿'은 무당이 음식을 차려 놓고 노래를 하고 춤을 추며 귀신에게 인간의 길흉화복(吉凶禍福)을 조절하여 달라고 비는 의식이다. '굿쟁이'는 '굿을 하는 사람', 즉 '굿+장이>굿쟁이'로 변한 말이다. 그래서 '무당'을 '굿쟁이'라고 불렀던 것이라 보인다.

4 스승, 스성

중세국어의 '스승(15세기)'은 '스님', '선생'이라는 뜻 외에 실제 '무당'의 의미로 사용된 말이다. 그래서 지금도 북한에서는 중세국어와 같이 '무당'의 의미로 '스승', '스성', '스성이' 등이 사용되고 있는 것이라 보인다.

5 복술

표준어 '복술(卜 점칠 복, 術 꾀 술)'은 '점을 치는 방법이나 기술'을 말하고, 그러한 일을 직업으로 하는 사람을 낮잡아 이르는 말로 '복술쟁이'라고 한다. 함경도의 '복술'은 그대로 '복술쟁이'를 말한다. '사람'을 뜻하는 '-쟁이'가 생략되어서도 '무당'의 의미로 사용되고 있는 것이다.

현장 구술 담화: 전라남도편

조화 부리는 도깨비

정월달이 되어서 한 일점오 키로 떨어진 행복리란 마을로 굿을 하로 쫓아 갔다 그래요. 당골래(무당) 말씀이 우리 어머니에게,

"먼저 가십시오. 그러면 뒷따라 갈랍니다."해서 대리간 그 길목을 오니까 바작을(지게 발채) 지고 밤인디 어뜬 남자가 길을 걸어 가드랍니다. 본질(본길)로 어머니는 쭉 걸어가는디 이삼 메타 질로 가만히 보듬아 내려놓고 내려 놓고 그래서 다시 헤매고 본질로 올라오며는 또 갖다 내려놓고 그래서 거그서 약 한 삼십 분 이상을 곤욕을 치르고 그라고 그 부서도를 왔드랍니다.

그래서 당골래(무당)가 뒤따라 와가지고 그날 저녁에 푸닥거리를 하고 정화수를 떠놓고 독경을 해가지고는 한 일 년간이나 몸져 누웠던 아버지께서 차근차근 몸이 회복되야가지고 완전히 건강을 되찾아서, 그 후로 인자 잘 살으셨고.<하략>

신안군 안좌면 설화

30. 물부리

예전에는 지금처럼 종이에 잘 말아진 담배가 귀해서 집에서 농작물로 수확한 담뱃잎을 잘게 썰어 담뱃대에 넣어서 피웠다. 담뱃대는 담뱃잎을 넣는 담배통과 긴 설대, 그리고 입으로 빠는 '물부리' 이렇게 3부분으로 구성되어 있는데, '물부리'는 '빨부리', '연취'라고도 한다. 대부분의 어르신들은 항상 기다란 담뱃대를 들고 계셨는데 짓궂은 아이들의 이마(마빡이라고 말하셨다)는 늘 긴 담뱃대의 표적이었다. 참고로 담배는 17세기경 일본에서 '담바고', '담바구'란 이름으로 전래되었다고 하는 설이 유력하다.

'물부리'의 전국적인 분포는 '물초리', '물쭈리'가 가장 널리 분포하고, '빨쭈리', '빨찌', '무두깨', '대물뿌리' 등이 혼재하고 있는 것을 알 수 있다. 이 말들은 어떻게 태어났을까?

■ 물부리, 물쭈리, 물초리

먼저 표준어 '물부리[물뿌리]'는 '입에 물다'는 뜻의 '물-'과 '부리'로 이루어진 말인데, 대체로 '부리'는 '끝이 뾰족하다'는 뜻을 가지고 있다. '부리'는 '새의 부리', '주전자 부리' 등에서 볼 수 있는 말이다.

'물초리'의 '초리' 역시 어떤 물체의 '회초리', '눈초리' 등에서 볼 수 있는 '가늘고 뾰족한 끝부분'을 말한다. 그래서 '물초리', '물추리', '물쭈리' 등은 '물부리'와 같은 의미를 가진 말로 볼 수 있을 것이다.

② 빨뿌리, 빨쭈리, 빨찌

복수 표준어인 '빨부리[빨뿌리]'는 주로 서남방언과 중부방언에 두루 분포하는데, 이것은 '물다'와 달리 '빨다'에 초점을 맞춘 말로 '끝부분을 빠는 물건'을 말한다. 역시 '물부리(물다+부리)'처럼 '빨다+부리(뾰족한 것)'로 합하여진 말임을 짐작할 수 있다. '빨쭈리' 역시 '물부리-물쭈리'처럼 '빨부리-빨쭈리'로 대응되는 말이다.

다만 '빨쭈리'는 '물쭈리'의 '-쭈리'에 유추되었거나, '빨부리'와 '물쭈리'의 혼태어로 보인다.

전라도의 '빨찌', '빨다', '물다'에 '팔찌', '가락지' 등에서 볼 수 있는 '끼우다>찌우다(구개음화)'의 의미인 접미사 '-찌'와 관련이 있는 말이 아닌가 생각된다.

③ 대물뿌리

경상도에 나타나는 '대물뿌리'는 '대(竹)+물+뿌리(쭈리)'인데 대체로 담뱃대가 '대나무'로 만들어졌기 때문에 붙여진 이름일 것이다.

④ 무두깨

함경도의 '무두깨'는 '물(물다)+두깨'인 것으로 보이지만, '두깨'가 분명하지 않다. 표준어 '홍두깨'나 황해도 방언 '망두깨이(막대기)', 함경도의 '몽두깨이(몽둥이)'에 비추어 보아 '두깨'는 '길쭉한 물건'이나 '막대기'를 말할 때 사용되는 말이지 않을까 생각된다.

벼락 맞은 불효자

옛날에 얘기 있잖닌교(있잖아요)? 며느리 시어머님이가 인제 꼬치(고추)를 따다 놓고, 죽 따다 무져 놓고. 참 그 할마이도 나만춤(나만큼) 담바(담배) 즐기든 모야이래. 담배 풀라고 인제 그 쪼마한 한 서너 살 먹은 알라(아이)를 인제, 가여(가서), "대(담뱃대) 가주 오라(가져 오라)" 카이께, 요놈의 얼라가 뿔— 가여 대를 가주 오그던. 며느리 시어미 꼬치(고추) 따듬는데. 그래 마, 요 늠아 가주 오다(오다가) 마 대물뿌리(물부리)를 물고 팍삭 엎어져가주 아가 목구영을 목을 찔렀부러가주 죽었부렀어. 아들이 인제 저녁답에 털러털레 온다.<중략>

괭일라(괭이를) 손에 쥐고 인제 간다. 저—가(가서), 늘핀한(넓은) 펀데기 가여, 참 파고서, 알라 업은 어마이를 마 묻었분다. 청청 하늘이가 곽—제(갑자기) 노성백록(뇌성백력)을 진동하고 치디마는 마 이늠을 갖다가 마 불덩거리로 맨들었부그던. 베락을 맞차가주(맞추어가지고).<하략>

영덕군 강구면 설화

31. 바람벽

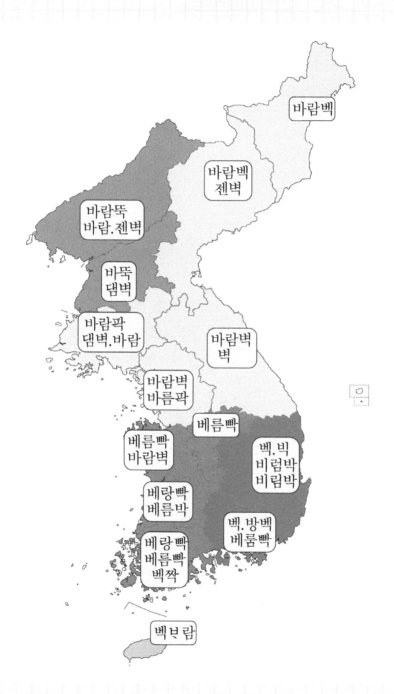

바람벡

바람벡
젠벽

바람뚝
바람.젠벽

바뚝
댐벽

바람팍
댐벽.바람

바람벽
벽

바람벽
바름팍

베름빡

베름빡
바람벽

벡.빅
비럼박
비림박

베랑빡
베름박

벡.방벡
베룸빡

베랑빡
베름빡
벡짝

벡ㅂ람

어릴 적 시골 '바람벽'에는 유난히 많은 물건이 걸려 있었다. 어른들 옷의 대부분이 걸려 있는 기다란 대나무 횃대를 비롯하여 각종 바구니, 동구리를 얹어 두는 시렁과, 벽에 못을 박아 붙여 놓은 사진이 담긴 액자, 커다란 달력, 심지어는 참기름병까지 온통 살림살이가 걸려 있었다. 행여 자식들이 학교에서 상장이라도 하나 받아 오거나 하면 이것을 아예 풀로 '바람벽'에 붙여 놓기도 했다.

표준어 '바람벽'은 '방이나 칸살의 옆을 둘러막은 둘레의 벽'을 말한다. 전국적으로 '바람벡', '바람뚝', '바람팍', '베름빡', '베랑박', '벡', '벡바람' 등 많은 변이형이 있다. 이 말들은 어떻게 태어났는지 살펴보자.

1 바람벽, 바람팍, 바람벡, 베름빡, 베랑빡

표준어 '바람벽'은 '바람+벽'의 합성어이다. 문헌에 나타난 가장 오랜 모습은 15세기에 'ᄇᆞ룸'으로 표기되었으며 현대국어 '벽(壁 칸막이)'의 뜻이었다. 그러므로 '바람벽'은 'ᄇᆞ룸(벽)+벽'으로 '벽'이 두 번 겹친 말이다.

공교롭게도 중세국어에서는 '바람(風)'과 '벽(壁)'을 모두 '바람(ᄇᆞᄅᆞᆷ)'이라고 불렀다. 즉 '바람(風)=바람 풍', '벽(壁)=바람 벽'이었다. 이처럼 혼동이 되는 동음이의어 '바람'이라는 말이 '부는 바람'과 '칸막이벽'이라는 두 가지 뜻이 있으니, '칸막이벽'에는 한자어 '벽(壁)'자를 덧붙여 '바람벽'이라고 한 것이다. '바람(風)이 분다', '바람벽(壁)이 높다'는 식으로 표현을 했다. 그래서 '부는 바람(風)'은 그대로 'ㅂᄅᆞᆷ>ㅂ람>바람'으로 남고 '벽(壁)'은 'ㅂᄅᆞᆷ벽>바람벽'이 된 것이다.

이 '바람벽'은 후에 주로 '방과 방 사이의 칸막이벽'을 지칭하는 말로 굳어져 쓰이면서 지도에서 보듯 '바람벡', '베름박', '베랑박' 등 다양한 변이형이 생겨나게 된다.

평안도, 황해도의 '바람'은 고어 형태(ㅂᄅᆞᆷ)에 '벽'이 붙지 않고 원형의 형태를 그대로 유지하고 있는 모습으로 볼 수 있다.

② 벡

동남방언에서는 '바람벽'을 '바람'이 없이 그냥 '벡', '빅'이라고 하기도 한다. 서남방언에서도 '벡짝'이라고도 하는데, '벡(벽)'과 '벡짝(〈벽+작)'은 한자어 '벽(壁)'이 한 번만 담겨 있으니 '벽(壁)'이 2번 중첩된 '바람벽', '바람벡' 등과는 차이가 있다.

③ 바뚝, 바람뚝

평안도의 '바뚝'은 함께 쓰이고 있는 '바람뚝(바람+둑)'을 보면 말의 의미를 짐작할 수 있다. 이 '바람'은 '벽'을 의미하고 '둑' 역시 '언덕', '벽'을 말하기 때문에 '벽'이란 뜻이 두 번 중첩된 '바람뚝'이 줄어든 말이다. '바람둑>바뚝'으로 변했을 것이다.

함경도, 평안도의 '댐벽', '젠벽'은 '담벽(표준어 담벼락)'이 '담벽>댐벽>잼벽>젠벽'의 변화를 거친 말로 보인다.

④ 벡ㅂ람

제주도의 '벡ㅂ람'은 '벽(壁)+ㅂᄅᆞᆷ(壁)'으로 '벽ㅂᄅᆞᆷ>벡ㅂ람'의 변화로 볼 수 있다. 다만 '바람벽'과는 달리 'ㅂᄅᆞᆷ'과 '벽'이 도치된 형태이다. 'ㅂ람'은 아래아를 유지한 고어 형태이다.

지네장터 두껍이의 보은

옛날에 한 사람이 참 일곱살 먹어서 민며느리로 들어갔어. 면 숯을, 참 숯을 굽는 사람한티로 들어갔어. 시집을 가는 날 두께비가 꼭 요만이나 헌 놈이, 가매를 타고 간디 몰랐어. 그러니 폴르르니(조르르) 올라와 갖고는 이 새색시 앞에 치마 속으로 들어갔던가비여(들어갔던가 봐). 두께비가. 그러니께 업(집을 돌보는 동물)을 싣고 갔어. 두꺼비가 각시를 모르고 쳐다보며 '꿈적꿈적' 허거든, 긍게 이 7살 먹은 참 새댁이라도. 양 그눔을 틀어잡고,

"두껍아. 두껍아, 너는 어찌 따라 왔냐? 집에서 살제."

그렇게 입을 자꾸 '딸꿍딸꿍' 허드라네. '딸꿕딸꿕'. 긍게 불쌍헝게 부뚜막에다 그놈을 시어머니도 모르게, 아무도 모르게 시가집 식구를 모르게 요렇코로 <u>베람빡(바람벽)</u>을 뚫고 집을 맹글었어. 집을 맹글어갖고는 거기다 놔두고는 포리(파리)도 잡아주고, 밥 채리믄 꼭 밥도 쪼까씩(조금씩) 주고. 아 자꾸 커 두꺼비가 요만씩이나 허게, 인자 점점 크는딘 말일세. 각씨가 어디 가믄 꼭 따라 대니고, 꼭 갱아지새끼 맹이로 참 그렇게 저하고 인자 두꺼비 뿐이지.

장성군 황룡면 설화

32. 반딧불

은하수를 보지 못한 우리 아이들에게 언젠가 유언을 하나 남겨주고 싶다. 강물처럼 흐르는 어마어마한 새하얀 구름별, 신기한 입체 모양 '은하수'가 남북으로 펼쳐져 있으니 언젠가 다시 꼭 보라는 이야기 말이다. 거기에 또 하나 한여름 밤, 캄캄한 밤의 정겨운 '반딧불'이 무더기로 반짝이는 그날이 다시 찾아오기를 기원하면서.

'반딧불'은 '반딧불이(벌레)의 꽁무니에서 나오는 빛'으로 '형광'이라고도 한다. 전국적으로 '개똥불'이 가장 널리 분포하고 있는데 북한에서는 '개띠불', '개찌불'이라고 하고 중부방언 중심으로 '반딧불', 제주도에서는 '불한디'라고 부른다. 이들은 어떻게 태어난 말일까?

1 반딧불, 반댓불

'반딧불'의 '반-'은 '빛(光)'의 뜻을 가진 말로 '반짝이다', '반득이다' 등에서 볼 수 있다. '번개'의 '번-'과도 같은 뿌리를 가진 말이다. 그래서 대체로 '반딧불'은 '반짝이는 벌레'를 말하는 '반디(〈반되)'와 '불'의 합성어이고, '날아다니는 벌레의 반짝이는 빛'이라는 뜻으로 보는 듯하다.

이러한 '번개-반디'의 '번-반(ㅓ-ㅏ)' 교체는 '설(명절)-살(나이)', '넘다(超過)-남다(剩餘)' 등에서도 볼 수 있다.

2 개똥불

'반딧불'을 남북한 거의 전역에서 두루 '개똥불'이라고 하는데, 불을 밝히는 이 벌레가 '개똥'에서 생겨 나온다고 생각하여 '개똥벌레'라고 하였고, 또 그 불을 '개똥불'이라 이름을 붙였을 것이다. 물론 경상도, 전라도에서는 '소똥'에서 나왔다고 생각하여 '소똥불'이라고도 하고 그 벌레를 '소똥벌기', '소똥불개'라고 부르기도 한다. 이것은 마치 똥을 동그랗게 만들어 굴리며 자기 집으로 가는 곤충을 지역에 따라 '말똥구리' 혹은 '소똥구리'라고 달리 이름을 붙인 것과 같은 이치이다.

3 개찌불, 개띠불

'반딧불'를 북한에서는 '개띠불', '개찌불'이라 부르는데, 이 말들을 '개똥불'과 비교해 본다면 '찌(띠)'는 모두 '똥'을 대신하고 있는 말이라는 것을 알 수 있다. 각 지역 방언에서도 '똥'이나 '아주 더러운 것'을 말할 때 '찌찌', '지지'라고 말한다. 그래서 '개찌불'은 '개똥불'과 뜻이 일치하는 말이라 보인다. '개띠불'은 '개찌불'로 구개음화하기 전의 모습이다.

또 북한에서는 '별똥'을 '베리찌', '벨찌', '베리똥' 등으로 부르는데 이때에도 '똥'의 자리에 '찌'가 대신하고 있는 것을 볼 수 있다.

4 불한디

제주도에서는 '반딧불'을 '불한디', '부란디', '불호한듸'라고 하고, 그냥 '한디'라고도 한다. '불(火)'은 뜻이 분명한 것 같은데 '한디', '란디'는 쉽게 알 수 없다. '불한디>부란디'의 변화를 생각해 볼 수 있을 뿐이다.

정직한 사위와 장인

옛날에 인자 아까맹이로(조금 전같이) 사우(사위)를 한나(하나) 골른디(고르는데) 거짓말 않고 아주 정말로 정직한 놈만 골라. 그런디 놀면서 나이는 많고 장가는 들고 싶으고 그런께 할 수 없이 그 집으로 찾아가서,

"아 이 집이서 사우를 고른다 해서 왔읍니다." 본께 사람이 점잖게 잘 생겼다 그말이여.

"그래, 그러면 우리집이서 농사 일도 거들고 그러고 살기로 허고 장가를 들소." <중략>

"그런께 불이란 것이 항시 무서운 것이다. 불을 보면 불이야 그래라." "예, 그러지라." 그 이듬해 모구는 나오고 빈대도 많고, 시방은 빈대 없네. 초저녁에 살짝 설치다가 잠이 짚이 들었든 모양이여. 오집을 누러 나온께 <u>개똥불(반딧불)</u>이 할랑할랑 날아 대니거든.

"불이야, 불이야!" 이놈의 소리를 지른께 영감, 할멈이 속옷 바람으로, 빤스 바람으로 뛰어 나와서,

"어디?" 그런께, "불이 저쪽으로 가부렀오. 저기, 저기." <u>개똥불(반딧불)</u>을 보고, "저그, 저그. 웃동네 아릿동네 저그, 저그."

밤나(계속) 이러거든. "아 이놈 자식한테 단단히 속았네. 그것도 <u>개똥불(반딧불)</u>도 불이냐?"

보성군 벌교읍 설화

33. 반짇고리

바느질광주리
지뚜광지

반지광이
반주광이
동고리

바느질광이
바느질광지

바느질당지
실꾸리당지

바느질당지
바느질광주리

반짇그릇
도방구리

반짇고리
반짇그릇

반짇그륵
도방구리

바늘당새기
반질당새기
반짇꺼럭

반짇그륵
동구리

바늘상지
반짇그릇

바느질당새기
반지그륵

바늘상지
반짇그럭
상지

바농상지

예전엔 집집마다 머리맡에 '반짇고리'가 놓여 있었다. 결혼할 때도 당연히 필수적인 혼수품이기도 했다. 재미있는 사실은 이러한 반짇고리 모양이 전국적으로 거의 비슷하다는 점이다. 멀리 떨어져 왕래가 전혀 관련 없는 마을끼리도 우리 한민족이 살아가는 모습이 거의 비슷한 것처럼 말이다.

'반짇고리'는 바늘, 실, 골무, 헝겊 따위의 바느질 도구를 담는 그릇으로 '바느질고리'라고도 한다. 북한에서는 '바느질광주리', '반지광이', '바느질당지' 등이 분포하고, 중부방언의 '반짇고리', '반짇그릇', 동남방언의 '바늘당새기', 서남방언의 '바늘상지', 제주방언의 '바농상지' 등이 보인다. 이들은 어떻게 생겨난 말일까?

1 반짇고리, 반짇그륵

표준어 '반짇고리'는 원래 '바느질고리'가 줄어들어 생긴 말이다. '고리'는 '버드나무(키버들) 가지나 대오리 따위로 엮어서 상자같이 주로 옷을 담는 물건'을 말하였다. 그래서 '반짇고리'는 '바느질도구를 담는 상자(고리)'가 된 것이다. 그런데 '반짇고리'는 '바느질고리'의 준말로 '바느질+ㅅ+고리'로서 역사적으로 보면 ㄹ이 탈락한 '반짓고리'로 표기해야 바른 표기라고 한다. 그런데 '질>짇'을 ㄹ>ㄷ의 변화라고 생각하고 '반짇고리'가 관행이 되었다. '이틀날>이튿날', '설달>섣달'에서도 같은 방식으로 표기하고 있다.

남한 전역에서 사용되고 있는 '반짇그륵'은 '바느질'에 '고리' 대신에 '그릇'이 합하여 '바느질그릇>반짇그륵'으로 변한 모습이다.

② 바늘상지, 바농상지

전라도의 '바늘상지', '상지'는 '바느질상자'가 '바늘상지', '상지'로 줄어든 모습이다. '상자>상지'의 ㅏ > ㅣ 변화는 각 방언에서 '판자>판지(널판지)' 등에서 볼 수 있다. '바느질'이 아닌 '바늘'과 '상자'가 바로 합하여 '바늘상자(바늘+상자)>바늘상지'와 같이 볼 수도 있다. 제주에서 '바농'은 '바늘'을 말하므로 '바농상지'는 '바늘상지'와 일치하는데 두 지역이 '상자'를 사용한 점이 흥미롭다.

③ 바느질당새기, 바늘당새기, 바느질당지

경상도 방언 '당새기'는 '대나무, 싸리나무 등으로 만들어 종이 등을 덧바른 상자(떡, 마른 음식, 옷 등을 보관)'를 말한다. 그래서 '바느질당새기'는 '바느질감을 담는 상자(당새기)'인 셈이다.

평안도, 황해도의 '바느질당지'에서 '당지' 역시 '상자'의 뜻일 것이다. 참고로 '당지'는 제주도 방언에서 '단지(작은 항아리)'이다.

강원도, 충청도의 '도방구리'는 다른 지역 방언에서도 '대나무를 결어 속이 깊숙하게 만든 그릇(전북)'이나 '질그릇', '대바구니(충청, 경상)'를 일컫는 말을 찾아볼 수 있는데, 후에 '반짇고리'라는 의미로 전용되어 사용한 듯하다.

④ 바느질광주리, 바느질광이, 반지광이

함경도의 '바느질광주리'는 '바느질'과 '광주리'가 합성된 말이다. 표준어에서도 '광주리'는 '대, 싸리, 버들 따위를 재료로 하여 바닥은 둥글고 촘촘하게, 전(가장자리, 테두리)은 성기게 엮은 그릇'을 말한다. 그래서

'바느질광주리'는 '바느질도구를 담는 그릇'이 되는 것이다.

'광주리'의 옛말은 '광조리'였는데 이때 '조리(笊籬)'는 '쌀을 이는 데에 쓰는 도구로 가는 대오리나 싸리 따위로 조그만 삼태기 모양으로 결어서 만든 것'을 말한다. 아마 '광조리'는 '광(廣 넓을 광)+조리'로 '널따란 조리'가 아닐까 싶다.

평안도의 '바느질광지', 함경남도의 '반지광이', '반주광이'는 '바느질광주리'를 줄여서 이렇게 부른 것으로 볼 수 있다.

현장 구술 담화: 경상북도편

잡귀거리(무가 巫歌)

칠보단장// 녹의홍상
넓은댕기// 들이고
<u>바느질당새기(반짇고리)</u>// 앞에놓고
침선질하다죽은// 이팔청춘
// 소녀귀야

술을먹고죽은// 법살귀며
만학천봉// 높은봉에
뚝떨어져죽은// 낙살귀며
[반주 음악]
서해귀신// 들으면
금일축사// 받아들이고<하략>

예천군 예천읍 무가

34. 벼이삭

베이삭

베이삭

베이삭

베이삭

베이삭

베이삭
베이시락

베이삭
베모가지

나락이삭
베이삭

베이삭
벳모가지

나락이삭
베이삭

나락모가지
베이삭

나락모가지
나락이시락

나락이삭
나락모가지

나룩고고리
나룩코고리

어린 시절 추수가 끝나면 벼나 보리의 이삭을 줍는 데 상당한 시간을 보낸다. 어쩌다 쥐구멍에 가득 들어 있는 '벼이삭'을 발견하여 작은 바구니 가득 담아 오는 횡재(?)를 만나 부모님께 칭찬을 받기도 하였던 기억이 있다.

'벼이삭'은 '벼에서 꽃이 피고 꽃대의 끝에 열매가 더부룩하게 많이 열리는 부분'을 말하거나 또는 곡식을 추수할 때 '흘렸거나 빠뜨린 낟알'을 이르는 말이다. 전국적으로 '베이삭'이 북한 전역과 중부방언으로 가장 널리 분포하고, 서남방언에 '나락모가지', 동남방언을 중심으로 '나락이삭'이 자리잡고 있으며 제주도의 '나룩고고리'가 눈에 띈다. 이들의 변화과정을 알아보자.

1 벼이삭, 베이삭

'벼이삭'을 북한 전역과 남한 대부분의 지역(남쪽 일부, 제주도 제외)에서 '베이삭'이라는 말로 사용하고 있는 것을 알 수 있다.

'벼'와 '이삭'은 중세국어(15세기)에서부터 아직까지 형태의 변화가 없이 현재까지 그대로 이어져 오고 있는 말이다. 이처럼 뿌리가 깊은 기초어휘는 마치 '손', '발', '입'처럼 그 어원을 정확히 알아내는 일은 그만큼 쉽지 않는 일이고, 또 그 모습도 오랜 시간 변화를 겪지 않은 채로 이어져 오고 있는 것이다. 벼농사가 시작되고부터였을 것이다.

2 나락모가지

서남방언과 경남 서부에 분포하는 '나락모가지'는 '나락+목+아지'인데 '나락(벼)의 목(項)'에 '-아지(작다는 뜻의 접미사)'가 합하여진 말이다. 후에 '벼의 목'이라는 뜻이 '벼이삭'으로 의미가 굳어진 것이다.

'나락'은 대체로 '곡식'을 말하는 '낟(穀 15세기)'에 접미사 '-악'이 합해지면서 ㄷ>ㄹ 교체(낟악>나락)로 생겨난 말로 본다. 이 '나락'의 모습은 근대국어에서부터 나타나는데, 처음 '곡식' 일반을 의미하던 것이 '벼(米)'로 의미 축소를 가져온 것으로 생각된다.

3 나락이삭

'나락이삭'은 주로 경상도, 충청북도에서 사용하는 말로 '나락+이삭'으로 이루어진 말인데, '베(벼)+이삭'과 비교되는 말이다.

또 '나락이삭'을 '나락모가지', '베이삭'과 함께 살펴보면 '**나락**모가지'의 '나락-'과 '베**이삭**'의 '-이삭'을 부분적으로 취한 모습을 보이고 있어 흥미롭다.

4 나룩고고리

제주도의 '나룩고고리', '나룩코고리'는 옛말 '꼭지'를 말하는 중세국어 '고고리(15~17세기)'를 그대로 이어받은 말로 보인다. 예를 들어 츳빗고고리(15세기)란 말은 참외의 꼭지를 말하였다.

그래서 '벼의 이삭'을 이렇게 '벼의 꼭지'라고 표현한 것이라 보인다.

운학자의 대단한 신통력

하도 가난에요. 맨날 책만 들다(들여다 보고) 앉았으이께네 뭐 먹을게 있나, 돈이 있나? 그래가주 한날은 그 부인이,

"여보시오 그 만날 공부만 하만 어에 됩니까? 좀 먹을 것 좀 있어야지요."

"먹는게 그롷키 원일라꼬! 그러마 오늘 저녁에 내가 좀 가주고 오지." 그래 저녁을 먹고 뭐 저 벼루에 먹을 슬쩍 갈아가주고 조우(종이)에다 밎자 써가주고 문을 열고 내놨단 말이래. 조우를 내 놓으까네[큰 소리로]아! 그 이튿날 아적에 나오이께네, 워쩰 난데없는 그 <u>나락이삭(벼이삭)</u>이 마당에 마구 수북이 쌓이 있단 말이래. 그 부인이 보이 이상하그던.

"그 워데꺼(어디 것) 가주 왔읍니까?"

"겨욹에(겨울에) 참 새짐승이 먹고 살 양석을 내가 가주 왔지. 하도 원이라 그래서."

"그래, 그러면 저 새짐승이 뭘 먹고 삽니까?" "그 굶지 뭐."

"에이, 그러만 안되지요. 차라리 우리가 굶는게 낫지. 그걸 되둘려 보낼 수 없읍니까?" "보낼라만 되지 뭐." 그 또 그날 저녁에 또 글씨를 써가주고 내놓이께네, 그 이튿날 아적(아침)이께네 한 낱도 없이 다 가주고 다 가부렜어.

예천군 보문면 설화

35. 변소

측실.측간
뚱수깐.벤소

측실.측간
정낭깐

재통.껑낭깐
측실.펜소

재통.통새
쩡낭깐

경낭.둑간
통시깐

정낭.정낭깐
측실.벤소

뒤깐
치깐
벤소

딧간
똥시깐

통시
정낭
치깐

딧간
동수깐
소맛간

치깐.동수깐
뒷간.북간

통시.정낭.구시
통구시.딧간

치깐.통새
통시.뒷간

통시.돗통

'변소(화장실)'를 부르는 명칭은 직설적이기보다는 비유적이고 완곡한 표현이 많다. 사실 표준어에서도 '정방', '청측', '측간', '측실', '측청', '혼측', '회치장' 등 많은 것을 알면 놀랄 정도이다.

전국적으로는 '치깐(측깐)'이 가장 널리 사용되는 말이고, '측실', '재통', '정낭', '벤소', '통시', '뒷간' 등으로도 널리 불리고 있다. 이들은 어떠한 유래를 가지고 있는 말인지 살펴보자.

1 변소, 치깐, 측실

표준어 '변소'는 한자어 '변소(便 편안하다 변, 所 장소 소)'로 '편안한 곳'을 뜻하는 완곡한 표현이다. '화장실(化粧室)' 역시 '화장을 하는 방', '단장을 하는 방'을 뜻하는 '변소'의 다른 표현이다.

'치깐'은 '측간(廁 뒤깐 측, 겳 측, 間 사이 간)'이 변한 말인데(측간>칙깐), 원래 '뒤깐', 또는 '겳에 있는 칸'이라는 의미로 변소가 집의 본채와 분리되어 본채의 '옆에 따로 두는 칸'으로 생각한 것이라 보인다. ㅈ, ㅊ 다음에 이어지는 ㅡ가 ㅣ로 전설모음화하는 현상은 국어의 역사에서도 '즑>칡', '츠다>치다(가루)' 등에서 볼 수 있는 흔한 변화이다.

함경도의 '측실'은 그대로 한자어 '廁(뒷간, 겳 측), 室(방 실)'이다.

② 뒷간, 딧간

'뒷간' 역시 대소변과 관련되는 '뒤를 보는 칸', 또는 '뒤쪽에 있는 칸'으로 여겨서 만들어진 말로 볼 수 있을 것이다. '뒷간'은 15세기부터 줄곧 사용되어 온 말인데, 예로부터 '대변을 보다'를 '뒤보다(15세기)'라고 완곡하게 표현한 것으로 보아 '뒷간'은 '뒤쪽에 있는 칸'보다는 '뒤(똥)를 보는 칸(방)'이라고 볼 수 있을 것 같다.

③ 통시

'통시', '통새'는 절(寺刹)이 갖추어야 할 7가지 구조 중에 '변소', '절의 뒷간'을 말하는 표준어 '동사(東司)'에 근원을 두고 있다는 설이 유력하다. 표준국어대사전에는 이 '동사(東司)'를 '승방(僧房)의 동쪽(東)'에 있었던 데에서 유래한 말이라고 풀이되어 있다. '동사>통사>통시'로 변해 왔을 것이다. 실제 '통시'를 지역에 따라 '東[동]'과 같은 음인 '동수', '동시(간)'라고 부르는 지역이 많다.

④ 정낭, 경낭

'정낭'과 관련된 말, 황해도, 강원도 등지에서 사용하는 '정낭간'을 보자. '정낭간'은 표준어 '정방(淨房, 변소)'과도 관련이 있는 말로 보이는데, '정방'은 원래 '깨끗하게 해야 할 방', '안정을 취하는 방'이라는 의미이다. 혹은 표준어에 '정양소(靜養所)'라는 말이 '몸과 마음의 안정과 휴양을 위한 시설을 갖추어 놓은 곳'을 말하는데, 바로 이 '정양소'의 '정양(靜 고요할 정, 養 기를 양)'에 '간(칸)'이 더해진 말이 '정양간'이고, 이것이 '정양간>정낭간>정낭'으로 변하지 않았을까 생각할 수 있다.

평안도의 '껑낭간' 역시 '정양간'의 변이형일 것이다.

평안도에서는 '재통', '재통간'이라고 하는데, 이 말은 예전에 변소에서 대변을 치우는 방식에서 나온 듯하다. 즉 대변을 본 다음에 가래(삽)로 '재(滓 불탄 후 찌꺼기)'를 떠서 인분을 덮은 다음 이를 다시 두엄 위로 던지는 방식의 변소를 말하는 듯하다.

그래서 '재를 모아 놓는 통, 건물'의 뜻으로 '재통', '재통간'이라 했을 것이다. 또 '재+똥간'이 '재통간'으로 변했을 가능성도 있다.

현장 구술 담화: 경기도편

유령 이야기

내가 한, 아마 그때가 한 30대 됐었나봐, 순기 진구 할아버지 세상 버리실(돌아가실) 때였어요. 놀라 자는데, 인제 이렇게 집에 가는데 나오니까 불이 하나 번쩍하더니 그 불이 어디로 가나 하면은 기훈네 우물질로 해서 거저 십산쪽으로 내려가요. 그 동그란 거이 주먹만한 불이 하나, 새파란 거이 뿐이지. 옆으로 싹 지나가는데 이 '쌕-'하고 소리가 나더군 그랴. 지금 그 진흥이네 뒷간(변소) 그 변소 뒤로 들어갔단 말이야. 뒷간(변소) 뒤로 가더니 지붕머리에 올라가 해서 참송나무 꼭대기로 올라가지구선 그렇게 높이 떠 가지구선 그냥 산 꼭대기로 그냥 내뺀단 말이야. 근데 그런 걸 한 번 당해 봤는데 그게 도대체 뭘로 생겼는지 몰로갔어요.(모르겠어요.)

인천시 옹진군 영종면 설화

36. 부뚜막

가매목
감사목
부수막

가매목
가매전
부막

구막목
고막목
구막

구마깥
가마깥
부막

비뚜막
구뚜막

부뚜막
브뜨막

부뚜막
부뜨막

부뜨막

부뚜막

부뚜막
부뜨막
불뚜무

부뚜막
부뚱

부수막.부떡
부숭개.부숭

부뚜막
부떠막
부뜨막

솟덕

'얌전한 고양이가 부뚜막에 먼저 올라간다.'는 속담은 늘 우리의 처신을 주의하라는 선인들의 경계일 것이다. '부뚜막'은 아궁이 위에 솥을 걸어 놓는 흙과 돌을 섞어 쌓아 편평하게 만든 언저리를 말한다. 전국적으로 '부뚜막'은 가장 널리 사용되는 말이고, 평안도에서는 '구막목', '구마깥', 함경도에서 '가매목', 전라도에서 '부수막', 제주도에서는 '솟덕'이 자리 잡고 있는 것을 볼 수 있다. 이들 말들이 생겨난 원래 의미와 변화의 모습을 살펴보자.

■ 부뚜막, 부뜨막, 비뚜막

'부뚜막'은 옛말 '붓두막(18세기)'이 변해 온 말이다. 이것은 '불(火)+ㅅ+의+막(幕)'으로 이루어진 말로 보이는데, 그 의미는 부엌에서 아궁이에 불을 지필 때 '불이 밖으로 나오지 못하게 막의 구실'을 말한다. 변화의 모습은 '붋'의 받침 ㄹ이 탈락한 '붓[붇]'에 '의(관형격조사)+막'이 합한 '붇의막>부뚜막'이 되었을 것이다. 함경도, 평안도에서는 바로 '불+막'의 모습인 '부막'을 볼 수 있다.

또 다른 견해로는 '두막마루(평평한 마루)' 등을 근거로 '부뚜막'을 '블(불 火)+ㅅ+두막'으로 보기도 한다.

2 부수막

전라도의 '부수막'은 '불+ㅅ+으+막'에서 '부뚜막'처럼 ㄹ이 탈락하고 사이시옷(ㅅ)이 그대로 살아 연음된 모습이다. '불의 막'이라는 뜻이다. 그리고 전남, 경남 접경지의 '부떡(부뚜막)'은 원래 '불+ㅅ+억(근처)'으로 표준어 '부엌'과 같은 말뿌리였는데, '부떡'은 '부엌'에 밀려 '부뚜막'의 의미로 바뀌어 오늘에 이르고 있다.

3 가매목

함경도의 '가매목'은 '가마목>가매목'이다. '가마'와 '목'이 합해진 말인데, 북한에서 '가마'는 '솥'을 말하고, 여기에 더해진 '목'은 불이 들어가는 '통로(불의 입구)'를 말하므로 '가매목(가마목)'은 '아궁이 근처' 즉 '부뚜막'을 지칭하게 된 것이다. 같은 지역에서 '가매전'이라고도 하는데, '전'은 '솥전(솥 주변, 솥의 가장자리)'에서 볼 수 있듯이 '가장자리'를 말하므로 '가매전' 역시 '솥(가매)의 변두리', 즉 '부뚜막'을 뜻한다.

4 구막목, 구마깥

평안도에서는 '부뚜막'을 '구막목', '구마깥', '구막', '부막'이라고도 하는데, '구막'은 '굴+막(굴막>구막)'으로 볼 수 있을 듯하다. 불이 들어가는 '굴(아궁이)'의 위를 막는 역할을 이렇게 말한 것으로 보인다. 혹은 '불막(불을 막는 덮개)'이 '불막>부막>구막'으로 ㅂ-ㄱ 교체를 보인 것이라고 볼 수 있을 것 같다. 이와같은 ㅂ-ㄱ 교체는 지역 방언에서 '또바리>또가리(똬리)' 등에서 쉽게 볼 수 있다.

5 솟덕

제주도의 '솟덕'은 '솟+덕'으로 옛날부터 '덕(棚, 15세기)'은 '시렁(棚 붕, 물건을 얹어 두는 곳)'을 말하기도 하고, '위에 걸치는 발판'을 말하기도 하는데, 아마 '불 위에 시렁처럼 솥을 걸친다'는 의미로 만들어진 말로 보인다. 이렇게 본다면 전라도의 '부떡'도 '솟덕'과 같은 경우로 볼 수 있을지 모른다(불+ㅅ+덕).

■ **현장 구술 담화: 전라남도편**

왕모 부인

옛날에 거시기 한 부인이 시집을 왔는디 열 야덟에 남편이 죽어 부렀어. 인자 못 사니까 (방앗간에) 방에(방아)를 항시 찧어갖고 인자 거그서 싸래기를 조금씩 주요, 그면(그러면) 인자 거그서 그날 종일 밥을 얻어 묵고. 싸래기 한 주먹 막 솥에다가 안쳐 났는디, 시님이(스님이), 옛날에는 도사가 있어요. 도사분이 오세갖고,

"동냥 잠 주시오. 좀 자고 가야 씨겄습니다." 그러거든. 여자 혼차 산디 그 시님이 잔다 근께롱 이놈이 일을 어차까 싶어서 그냥 그 시님은 <u>부수막(부뚜막)</u>에다 앉여놓고, '이거 이 이래서는 안되겄다.' 그러고는 인자 정성껏 그 시님을 인자 재와서 뒷날 아직(아침)에(아침에) 보낼라니까 가실라다가 도로 돌아서,

"나가(내가) 한 말을 꼭 귀담아 들으시오. 방에를 찧으러 가면 방에 타령을 하라." 그래요. "아니요, 내가 꼭 시킨 대로만 가서 허시면 참 좋은 수가 있어요." 그래 인자 시님이 노래를 갤차 준거라.

[노래로] "어주야 방아야 콩콩찧는 물방아. 초년에는 빙군이요. 중년에는 홍년화라. 말년에는 왕고로다."

보성군 벌교읍 설화

37. 부엌

부수께.정지

부수께.벽께

베케.벡

베케.벡
정지

부케.벽
비역

벽.벽께
벽.정지

벽.비역
벽.부엌

벽.정지

벽.정지

정지.부엌
정제깐

정제.벽

정지.정제

정제.정지

정지.부엌

우리나라 전통적 개념의 '부엌'은 음식을 만드는 주방의 역할과 방을 따뜻하게 하는 온돌의 기능을 동시에 수행하는 집안의 중요한 장소였다. 이러한 부엌을 갖춘 전통가옥은 이제 거의 사라져 가고 있지만, 우리 민족이 수천 년 이어 온 한민족 특유의 '부엌'을 우리는 잊어서는 안 될 것이다.

'부엌'을 크게 나누면 동북방언에서는 '부수께'라 하고 서북방언, 황해도에서는 '베케', '부케'라고 하며, 중부방언에서는 '벅', '비역', 남부방언에서 '정지', '정제' 등으로 불러왔다. 이러한 말들의 뿌리를 찾아가 보자.

■ 부엌, 벅

'부엌'의 옛말(15세기)은 '브섭', '브석'이었는데 이것은 '븥+업(억)'으로 나누어 볼 수 있다. 원래 '븥'은 '불(火)'과 같은 의미로 함께 쓰였는데, 이 '븥'에 접미사 '-업/-억(근처)'이 합성되어 단순히 '불의 근처'라는 뜻을 가진 말이 후에 '부엌'의 의미로 굳어진 것이다. '브섭(브석)'은 차츰 '브석', '브억(16세기)'으로 변하고, 긴 시간 후에 '부엌(20세기)'이 나타났다.

'벅', '벡', '비역'은 '부엌>뷕>벅>벡', '부엌>비역'으로 변화의 과정을 거친 것이다.

2 베케, 부케

평안도, 황해도에서 '베케', '부케'라 하는데 이 중 '베케'는 '부엌에>붜케>버케>베케'로 변화한 것으로 볼 수 있다. 즉 '장소'를 나타내는 부사격조사 '에'가 첨가된 것이라 보인다.

이것은 마치 서남방언에서 '정지(부엌)+에'가 '정제'로, '샘(泉)+에'가 '새메'라고 변한 것과 같다.

3 부수께

함경도의 '부수께'는 '브석'의 ㅿ음이 살아 있는 고어 형태인데, 평안도의 '베케'처럼 처소의 조사 '에'가 첨가되어 '부석+에'가 '부수께'로 변화한 것이라 보인다. 역시 원래 의미는 '불의 근처'라는 뜻이 '부엌'의 뜻으로 굳어진 것으로 볼 수 있다.

4 정지, 정제

전국적으로 널리 분포하고 있는 '정제', '정지'는 원래 한자어 '정주(鼎 솥단지 정, 廚 부엌 주)' 또는 '정주간(鼎廚間)'에서 온 말이다. 이 '정주', '정주간'은 함경도 지방의 가옥 구조에서 볼 수 있는 특수한 공간을 일컫는 말이었다고 한다. 즉 부엌과 안방 사이에 벽이 없이 '부뚜막과 안방이 잇닿은 공간'이었는데 그러한 공간을 말하던 '정주'가 차츰 의미 변화를 겪으면서 '부엌'의 의미로 변한 것이다.

'정주(鼎廚)>정지'의 ㅜ>ㅣ 변화는 지역 방언에서 '상추>상치', '자루>자리'처럼 쉽게 볼 수 있기 때문이다. 그리고 '정제' 역시 '정지'에 처소를 나타내는 조사 '에'가 첨부된 형태로 보인다.

오찰방(吳察訪)과 정훈도(鄭訓導)

"오찰방 겨드랑에 난 참빗 같은 날개, 이렇게 끊어 부려야 되겠다." "이떻게 해서 끊으리오?" 술을 해여 놓는디 환환주를 해연 났어. 환환주앤 건 뭐이야며는 좋은 음감(재료)으로 술을 초불(初回)해 놔서 그런 술을 마련해 가지고 아덜을 막 취게 해 놓앙(놓고) 이걸 참빗 같은 날개를 끊어 불자고. 그 부인 광(부인과) 약속을 한 것이지. 하룰(하루)은 비가 창유수로 들고(몹시) 와서 동넷사름 하나 오도 아니고 뭣 니까니 저 부인 보고,

"거 오널은 원 비 크게 오나네 조용해여네 누게 사름덜토 아니 오고 니 원, 술이나 있거든에 잔 가져(갖고) 오주. 잔썩 먹어 보저." 그게 약속해 놔 둔 게주게. 게난, 부인보고 약속기를, "술 달라고 거들랑 술을 마리에 갖다 놓지 말고, 정지(부엌) 구석에 놔 둠서 나 먹을 술라근(술은) 보통 술로 가져 오고 아덜 먹을 술라그네 환환주로 가져 오라."

부친 잔 먹으민 그 사름도 잔 먹곡(먹고), 술은 잔 술이 열 잔 당게 기운 좋은 술이라노니 막 먹었다 말이여. 막 취난 그자 뒷터레(뒤로) 히뜩 자빠지난 바로 죽었어.

서귀포시·남제주군 설화

38. 부추

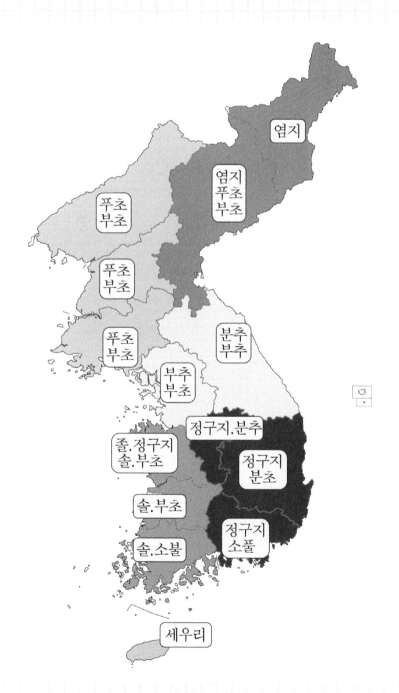

염지

염지
푸초
부초

푸초
부초

푸초
부초

분추
부추

푸초
부초

부추
부초

정구지.분추

졸.정구지
솔.부초

정구지
분초

솔.부초

정구지
소풀

솔.소불

세우리

그냥 심어만 놓으면 언제고 베어 와 반찬을 하는 줄 알았던 '부추'도 거름을 주고 정성을 들이지 않으면 아무 것도 얻을 수 없다는 것을 알게 된 것은 어머니가 병환으로 텃밭을 가꾸지 못하게 되면서였다. '부추'는 백합과의 여러해살이풀, 봄에 땅속의 작은 비늘줄기로부터 길이 30cm 정도 되는 선 모양의 두툼한 잎이 무더기로 뭉쳐나며 잎은 식용한다.

'부추'는 전국적으로 크게 '염지', '부추', '분추', '푸초', '정구지', '소풀', '소불', '솔'이 다양하게 분포하고 있다. 이들은 모두 표준어로 등재되어야 할 소중한 말들이다. 이들의 말뿌리를 더듬어 보자.

1 부추, 푸초, 분추

현대 국어 '부추'의 옛말은 중세국어 '부칙(15세기)'로 문헌에 나타났다. 그 후 '부초(19세기)' 형태가 등장하였고 20세기 경 '부추'가 나타나게 되었다.

대체로 중부 이북에서 사용되는 '부초'는 표준어 '부추'로 바뀌기 이전의 형태로 보이고, 강원도, 충청도, 경상도 등지의 '분초', '분추'는 '부초'에서 ㄴ첨가를 보인 모습이다. 평안도의 '푸초'는 '부초>푸초(거센소리화)'의 변화형으로 짐작된다.

'부추'는 그 어원을 쉽게 단정하지 못한다. 다만 한자어 '싱치(生菜)', '빅치(白菜)' 등이 '싱치>상추', '빅치>배추'로 바뀐 것처럼 '부칙'도 한

자어 '구채(韮 부추 구, 菜 나물 채)'가 '*구치>부치>부추'로 변했을 가능
성을 생각할 수 있을 뿐이다.

❷ 솔, 졸, 세우리

전라도에서 사용하는 '솔'과 충청남도에 분포하는 '졸'은 '부추'와는 전
혀 다른 특이한 형태이다. '솔'은 원래 '솔풀'이 줄어든 말로 볼 수 있다.
'솔'은 '오솔길', '소(솔)나무' 등에서 볼 수 있는 '가느다랗다'라는 의미이
다. 그래서 반찬으로 먹는 '솔'도 잎이 '가느다랗게 생긴 풀'이라는 의미로
붙여진 이름이다.

'솔풀>소풀>소불>소불>소올>솔'의 다소 복잡한 음운변화를 겪었다
고 볼 수 있다. 실제 이러한 변화 과정을 증명하듯 전국에서 경남 서부(전
남, 경남 접경지)에서 '소풀'이 넓게 분포하고, 전남 동부에서 '소불'이 자
리잡고 있는데, 순서대로 '솔(전남 서부)-소불(전남 동부)-소풀(경남 서
부)'의 모습을 볼 수 있다. 그래서 '소풀>소불>솔'의 실제 변화과정을 보
여주는 듯하다.

물론 '소불'이 가장 먼저이고 '솔'과 '소풀'로 변했다고 보는 견해도 있
긴 하다. 제주도의 '세우리'는 '소불'의 변화형이 아닐까?

❸ 정구지

'정구지'는 경상도, 충청도에 걸쳐서 널리 사용되고 있는 말이다. 이 말
을 연세가 많은 분들은 '전구지'라고 발음하는 경향이 있다고 하여 이를
'전+구이+지'라고 본다면, '전(부침개)을 굽는 풀'이라는 의미로 볼 수도
있을 듯하다. '지'는 '미나리'를 말하는 방언 '미난지(경북)' 등에서 볼 수
있는 '나물', '채소'를 말할 것이다. 정구지(精정 정, 久오랠 구, 持지속할
지)라고 하여 '부부의 정을 오래 유지한다'고 풀이하기로 한다.

4 염지

함경도에서 쓰이는 '염지'는 표준어에 '염교'라는 채소가 있는데 이 말의 변화형으로 보인다. '염교'는 마치 '부추'와 '쪽파'의 중간쯤 되는 굵기가 되는 채소인데 지역에 따라 '돼지파'라고도 한다.

그리고 '부추'의 옛말 '염규(15세기)'란 말도 있었는데 '염지'와 관련되어 보인다. 바고니예 ᄀᆞᄃᆞᆨᄒᆞᆫ 이슬 마즌 염규(바구니에 가득한 이슬 맞은 부추)(두시언해, 15세기)

현장 구술 담화: 경상북도편

계모와 전처딸

인날에 의붓오마이가(계모가), 저어 동지섣달에 미나리하고 <u>정구지(부추)</u>하고 비가주(베어) 오라 카더래요(하더래요). 갈 데가 없어서 저어 어머니 미(묘)에 가서러 한 달 울고 잠을 잤부거든. 자인께 꿈에, "아이구 네가 아무데 방구(바위) 밑에 가마 구할 터이 구해가주(구해가지고) 가거라." 카거든.

잠깐 깨인께 꿈이거등, '우리 어무이가 카는데 가 보기나 가 보자.' 가인께는 참 신사가 돌문을 열어 주더래요. 그래 거얼(거기엘) 드가인께논(들어가니까) 그래 <u>정구지(부추)</u>하고 미나리하고 비이 주더래요. 그래가주고 집에 왔다. 와 가주고, "어무이, 비이(베어) 가주 왔읍니다."

구미시 고아읍 설화

39. 사립문

제기.쩌기
삽짜리문
싸리문

제기.쩌기
삽짜리문

바주문
싸리문

바주문
싸리문

싸리짝문
싸리문짝
싸리문

삽짝문
싸리문

싸리짝문
싸리문

삽짝
싸림문

싸림문
살갑문

삽짝문
사림문

싸림문
사림문

삽짝문
새림문

싸림문
새림문

살체기

'사립문'은 '사립짝을 달아서 만든 문'을 말하고 '사립', '시비(柴 잡목 시, 扉 문짝 비)'라고도 한다. 어릴 적 아이들은 주로 사립문 밖에서 놀았다. 어른들의 만남도 거기에서 이루어졌다. 이제 시골에 가서도 늘 시끌벅적했던 사립 밖(사립문 밖) 대신 굳게 닫힌 철제 대문 기둥에 우편물 한두 장이 꽂힌 장면을 자주 본다.

전국적으로 가장 널리 쓰이는 말은 '삽짝문', '싸리짝문', '싸림문'이다. 평안도에서 '바주문', 함경도에서 '쩨기', 제주도에서 '살체기' 등을 볼 수 있다. 이들 어휘가 생성된 과정과 말뿌리를 살펴보자.

1 싸리문, 싸림문

표준어 '사립'은 옛말 '살입(17세기)'으로 문헌에 나타난다. '사립문'의 어원은 크게 두 가지로 보는 듯하다. 첫째 '살입'은 '살+입'으로 '살'은 '살대(창문, 우산 등의 가늘고 긴 살)'에서 볼 수 있는 '가느다란 나무'라는 뜻이고, '입'은 '문(門)'을 뜻하는 옛말이라고 보는 견해다. 그래서 '사립(살입)'은 '가느다란 나무로 만든 문'이라는 뜻을 가진 말이다. 그렇게 본다면 표준어 '사립문'은 '살+입(門)+문(門)'으로 '문(門)'이 두 번 중복된 말인 것을 알 수 있다.

또 하나는 '사립문'의 '사립'을 '싸리나무'의 '싸리'에서 왔다고 보는 견해도 있다. 전국에 두루 분포하고 있는 '싸리문'을 보면 그럴 가능성이 있다. 이렇게 본다면 '사립(살입)문'과 '싸리문'은 말뿌리가 다른 말일 수도 있다. '사름문', '새름문'은 변이형인 것을 쉽게 짐작할 수 있다.

② 삽짝문, 삽짝, 싸리짝문

황해도, 경기도의 '싸리짝문'과 강원도, 경상도의 '삽짝문'은 '사립+짝(문짝)+문', 또는 '싸리+짝(문짝)+문'으로 볼 수 있다. 그래서 '사립짝문>삽짝문'으로 축약된 모습으로 보이며, '싸리+짝+문'으로 볼 경우 ㅄ의 ㅂ이 '싸리'에 합하여 '싸리짝문>사립짝문>삽짝문'으로 변했을 수도 있다. 표준어에도 '삽짝'이 있다.

③ 바주문

평안도의 '바주문'의 옛말은 '바ᄌ문(17세기)'인데 이는 당시의 '바ᄌ(울타리를 위해 엮은 것)'에 '문(門)'이 합성된 말이다. 또 평안도 방언 '바주'는 '울타리'를 뜻하므로 '바주문'은 '울타리처럼 생긴 문'이라고 볼 수 있다. 또 16세기의 '바조'는 현대표준어 '바자(笆 가시대 파, 子 물건 자)'로 연결되며 '바ᄌ>바조>바주'로 변화를 겪어 온 것으로 짐작된다.

결국 '바주문'은 '바ᄌ문>바조문>바주문'으로 변한 말임을 짐작할 수 있고, '대, 싸리 따위를 엮어서 만든 문'이라는 뜻이다.

④ 쩨기, 살체기

함경도의 '쩨기'는 '삽짝'에 '-이'가 붙어 '삽짝이>삽쩨기'로 되었다가 1음절 '삽'이 탈락하여 '쩨기'로 변화해 온 모습이 아닌가 싶다. '짝'은 '상자나 짐짝 따위를 세는 단위'로 예를 들어 '사과 한 짝', '짐 두 짝' 등이고, 이것이 '짜여진 틀'을 의미하는 '문짝'의 의미로 사용된 것으로 볼 수 있다.

구씨(具氏) 부자를 구한 박문수(朴文秀)

박문수가, 어사가 돼가지구서 이 충청도를 와가지고 결국 이 영동을 와 가지고, 저 무주 땅엘 들어갔다 이거요. 한 골짝을 이래 들어가니께, 아 창문으로 이렇게 디다(들여다) 보니까 그 아버진상 싶은 노인이 젊은 사람 배 위에 올라가지구 칼을 이래 오른손을 들고 겨누드라 이거여. 그 창문 저짝 이제 <u>살짝(사립문)</u>을 가 가지구서 소리를 질른 기여.

"주인 집 있소?" 인제 이렇게 질른 거란 말이여. 그래 보니까 참 그 으 배 위에 올라 앉았던 그 어른이, 노인이 나와서 <u>살짝(사립문)</u>을 열어 준다 이거여. 근데 게 들어가.<중략>

그놈으 구씨 마누라와 며느릴 뺏으려고 하던 천가 부자가 인저 이 참 말하자면 마누랄 데리고 살라구 하는 기여. 인저(이제) 그 부자만을 인제 사령들이 끌구 나와 가지구서 그만 그 산 짚은데서 그만 처치해 버리고 그만 이렇게 인제 나와서, 그 아들은 참 으 아부지와 같이 인제 거시길 하고, 참 그 뭐 그 다 죽은 사람들이 다 살은 기거든.

영동군 용산면 설화

40. 살쾡이

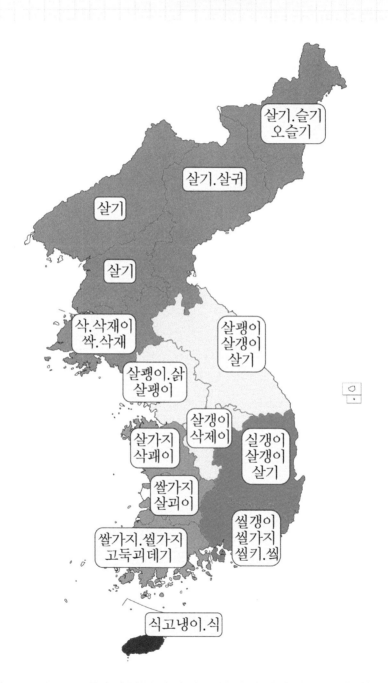

살기.슬기
오슬기

살기.살귀

살기

살기

삭.삭재이
싹.삭재

살쾡이.삵
살쾡이

살쾡이
살갱이
살기

살갱이
삭제이

살가지
삭패이

실갱이
살갱이
살기

쌀가지
살괴이

씰갱이
씰가지
씰키.씰

쌀가지.씰가지
고둑괴데기

식고냉이.식

우리말 변화의 모습
• 묏괴(15세기)
• 슭(15세기~19세기)
• 삵(19세기~현재)
• 살쾡이(20세기~현재)

　'살쾡이'는 고양잇과의 포유류. 고양이와 비슷한데 몸의 길이는 55~90 cm이며, 갈색 바탕에 검은 무늬가 있다. 꼬리는 길고 사지는 짧으며 발톱은 작고 날카롭다. 밤에 활동하고 꿩, 다람쥐, 물고기, 닭 따위를 잡아먹는다. 북한 전역에서는 이를 '살기'라 한다. 중부방언에서는 주로 '살쾡이', '삵'이라 하고 동남방언에서는 '실갱이', '썰갱이', 서남방언에서 '쌀가지'라고 부르며, 제주방언에서는 '식고냉이'라고 한다. 이러한 말들의 생성과 변화과정을 살펴보자.

■ 살쾡이, 살갱이, 삵

　표준어로 '살쾡이'는 '삵'이라고도 하는데, 옛말은 '슭(15세기)'이었고 후에 현대국어와 같은 '삵(19세기)'으로 변한다.

　'살쾡이(20세기)'는 비교적 최근에 생겨난 말인데, '삵+쾡이'로 이루어진 말이다. 표준어로 '쾡이'는 '고양이'의 준말이라고 풀이되어 있으니, '살쾡이'는 결국 '삵고양이'라는 뜻을 가진 이상한 이름이 되었다. 아마 '삵'이 마치 '고양이'처럼 생겼다고 해서 붙여진 이름일 것이다. '쾡이'는 '쾡이갈매기'에도 보이는데 '고양이 소리를 내는 갈매기'라고 한다. '살쾡이'는 고양이과의 포유류로서 예전에는 쉽게 볼 수 있었다. 농가에 내려와 주로 닭이나 토끼 등을 물어가는데 사람을 해쳤단 이야기는 없다.

② 살기

북한에서는 거의 모든 지역에서 '살기', '슬기', '살귀' 등이 사용된다. '살기'는 옛말 '숡', '삵'에 접미사 '-이'가 붙어서 '삵이>살기'의 연음표기이다. '-이'는 '뻐꾹이(뻐꾹+이)>뻐꾸기'와 같다.

③ 쌀가지, 살가지

서남방언의 '쌀가지'는 '삵'에 '-아지'가 결합하여 만들어진 말이다. '삵아지>살가지>쌀가지'인데, '-아지'는 '작다(小)'는 의미를 가졌으며 '송아지', '망아지'에서 쉽게 보는 접미사이다.

④ 씰갱이, 실갱이

동남방언에서는 '씰갱이'라고 한다. '씰갱이'는 처음에 '숡+앵이'의 합성어로 볼 수 있는데, 접미사 '-앵이'는 표준어 '살쾡이(숡+괭이)'의 '괭이(고양이)'나 서남방언 '쌀가지(숡+아지)'의 '-아지(작다)'와 비교된다. 즉 '씰갱이(숡+앵이)'의 '-앵이'는 같은 지역의 '나생이(나시+앵이: 냉이)', '챙이(치+앵이:키)'에서 볼 수 있는 접미사이다. '슬갱이(숡앵이)>실갱이>씰갱이'로 변했을 것이다.

'씰갱이'는 '숡'이 표준어에서 '숡>삵'로 변한 것과 달리 '숡>씰'의 변화의 모습을 보여준다. 또 경남 서부에서는 '씩(쌕)'이라고 하는데 이 역시 표준어의 '숡>삵'과 비교된다. 그런데 경남의 '씩'과 전남의 '쌀가지'가 만나는 접경지에서 보이는 '씰가지'는 '씩'과 '쌀가지'의 접촉으로 인한 변이형일 가능성도 있다.

또 남부방언에서는 '도둑괘이', '도둑괴데기'로 부르기도 하는데 '괘이(괴)', '괴데기'는 '고양이'를 말하므로 '도둑고양이'라는 뜻이다. 흔히 '도둑고양이'에 '삵'을 빗대어 그렇게 이름 붙였을 것이다.

예전에는 이 '살쾡이'를 '묏괴(15세기)'라고도 하였다. '묏괴'는 '산고양이'라는 뜻인데 역시 '고양이'와의 연관성을 엿볼 수 있다.

5 식고냉이

'고냉이'는 제주도에서 '고양이'를 일컫는 말이다. 경상남도에서 '삵'을 '씩', '씩고양이'라고 하는 것을 보면, '식고냉이' 역시 '식(삵)+고냉이(고양이)'로서, '살쾡이{삵+쾡이(고양이)}'와 같은 조어 방식을 보여주는 말임을 알 수 있다.

현장 구술 담화: 전라남도편

돼지 잡아간 호랑이

잠을 꼬박 자고 있는디, 한번 그냥 크게 '꽥!' 허드라우. 그래서 인자 그찌기는(그때는) 인자 날이 샌갑다 하고는 작되기 그놈, 덩렁 덩렁한 놈을 요러고 텅떵텅떵하고 뚜들고 간께는 돼야지(돼지) 망우제(우리)를 본께로 금매(글쎄) 돼야지를 물어가고 없더라요. 그래서 인자 그놈만 가서 쫓아. 인자 사랑으로 가갖고 사랑꾼들을 보다가,

"우리 돼야지를 뭣이 가져다 버렸다고. 뒤를 당가서(따라서) 가 보자."고 한께로 가서 본께로 동네 앞에서 저건네 뽀짝, 동네 뒤에, 뒤에 바우 밑에 가서 배를 쪼르르르 따 놓고는 간만 묵어버렸다우. 그런디 그 호랑이를 잡을라고 덧을 놓은께로 쌀가지(살쾡이)는 잡혀도 호랑이는 안 잡히드라. 그래갖고 이내 못 잡았더라요.

화순군 이서면 설화

41. 상추

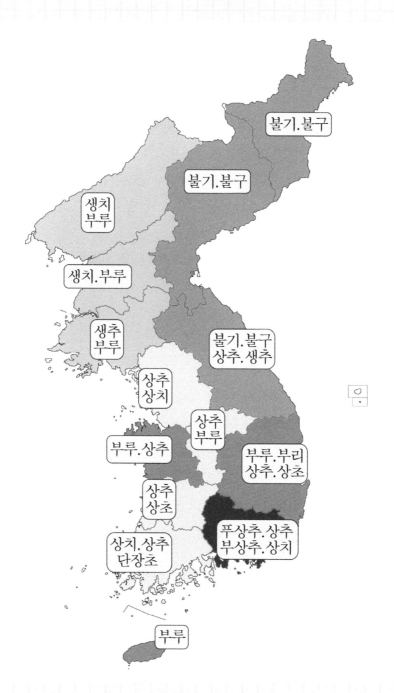

불기.불구

불기.불구

생치
부루

생치.부루

생추
부루

불기.불구
상추.생추

상추
상치

상추
부루

부루.상추

부루.부리
상추.상초

상추
상초

푸상추.상추
부상추.상치

상치.상추
단장초

부루

'상추'와 삼겹살을 싫어하는 사람이 주변에 없다는 것을 확인한 적이 있다. 모든 사람이 애호하는 '상추'는 국화과의 한해살이풀 또는 두해살이풀로 높이는 1미터 정도이며, 경엽은 어긋나고 근생엽은 큰 타원형이다. 초여름에 연누런빛 꽃이 피고 열매는 작은 수과(瘦 여윌 수, 果 열매 과)를 맺는다. 북한의 문화어는 '부루'이다.

전국적으로 국토의 서부 지역을 중심으로 한 '상추', '생추(치)' 형과 동부 지역을 따라 분포하는 '부루', '불기'형이 거의 양분하고 있는 것을 볼 수 있다. 이들의 분포와 변화 과정을 알아보자.

1 상추, 상치, 생치, 생추

'상추'는 옛말은 근대국어 '승치(生菜, 18세기)'였다. 이것은 한자 '生菜(생채)'에서 온 말로 보는데, 당시의 한자음을 따라 '승치>상추'로 변해 온 것으로 보인다.

다만 국어의 음운변화 원리로 보면 '승치>상치'의 변화가 자연스럽고, '승치>상추'로의 변화는 단순한 음운변화보다는 '배추', '고추'의 '추'에 이끌려 변한 말이라고 보기도 한다.

주로 평안도, 황해도에 분포하는 '생치', '생추' 등은 한자어 '생채(生菜)'의 '생-'에 이끌린 형태일 것이다.

2 부루, 불기

'부루', '불기'는 북한 전역과 강원도, 충청도, 경상도 등에서 쓰이는 말이다. '상추'의 옛말은 '숭치(18세기)'보다 더 이른 시기에 '부루(16세기)'라는 말이 있었다. 부루 와(萵 상추 와), 부루 거(苣 상추 거)(훈몽자회, 16세기)

'부루'는 '상추'보다 더 오랜 고어 형태인 셈이다.

'부루'는 '풀(草)'과의 연관성을 짐작해 볼 수 있을 것 같다. 현대 표준어 '사라부루'라는 말도 있는데, '쉽싸리 종류의 하나, 잎과 뿌리는 무쳐서 먹는다'고 풀이되어 있다.

함경도, 강원도의 '불기'는 '노루(獐)-놀기', '자루(袋)-잘기'처럼 ㄱ이 첨가된 모습과 같다.

3 푸상추

경상남도에서는 '상추'를 '푸상추', '부상추'라고도 하는데 먼저 '부상추'는 '부루'와 '상추'가 합하여진 말로 '부루상추'가 줄어든 말이 아닐까, 그리고 '푸상추'는 '부상추'가 거센소리로 변한 모습으로 보인다.(부루상추>부상추>푸상추)

불여우 외동딸

"조년의 지집아(계집아이가) 발간 불여술시더(불여우입니다). 발간 불여순데 짐승 다 자 먹으마 사람한테 대들께고 또 식구 다 자(잡아) 먹으마 근방 사람 다 자 먹을테이 마."<중략>

"그래 오라배 배 안 고프이껴?"

"배 고픈들 니 혼자 있는데 머 멀게(먹을 것이) 있나?"

"아이, 머을게 있어요." 머을게 있다고 갖다 주는 거 보이, 손톱 발톱 말짱 그게래. 그러이 그걸 차마 먹을 수도 없지.

"야야, 저 내 들오다 보이 그 질 섶에 불기(상추) 좋은 게 있더라. 그걸 한 이파리 뜯어가주 씨이가주 오마 내 쌈을 싸 먹었으마 좋을따. 그러마 야야, 니 내 손목에다 실을 매 놓고 부루(상추) 있는 데까지 조춤 조춤 땡기 봐가면서 가거라. 가만, 땡겨 실 땡겨보만 땡겨보마 아잖나?" 요눔 실을 요 손목에 매 놓고 살금살금 땡겨 봐가마서 고 부루(상추) 있는 데로 가그던. 가는 데 이눔은 고마 그 실을 풀어서 거적 문에다 달아 짜매 놓고서는 말은 타고 고만에 잡목 속으로 빠져 나간다.

"얘, 요놈아, 니 어데 가노? 어데 가면 날이 새나, 날이 새나, 이놈아! 우물에든 고기 함구에(함정에) 든 범인데 이눔아 니 어데 가면 날이 새노?"

예천군 호명면 설화

42. 새벽

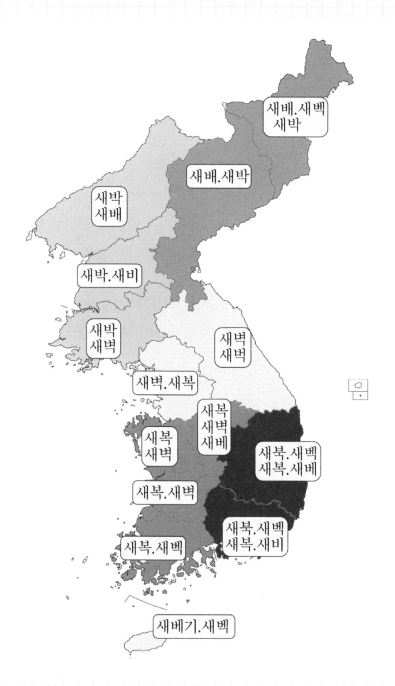

새배. 새벽
새박

새배. 새박

새박
새배

새박. 새비

새박
새벽

새벽
새벽

새벽. 새복

새복
새벽
새베

새북. 새벽
새복. 새베

새복
새벽

새복. 새벽

새북. 새벽
새복. 새비

새복. 새벽

새베기. 새벽

우리의 선조들은 대체로 하루의 시작이 새벽이었다. 이른 새벽부터 들판에 일하러 나가시는 아버지를 도와주라며 늘장 부리는 나를 깨워 맛있는 먹을거리를 내주던 어머니가 떠오른다. 아버지는 평생 새벽부터 일을 하셨고, 아버지의 새벽 일하는 소리가 들리지 않았을 때, 그때 아버지는 세상에 계시지 않으셨다.

'새벽'을 주로 동북방언에서 '새배'라고 하고 서북방언에서는 '새박'이라 하며, 중부방언에서 '새벽', 서남방언에서 '새복', 동남방언에서 '새북', 제주방언에서 '새베기'라고 한다. 이 말들은 어떤 뜻을 가졌고 어떻게 변화해 온 모습일까?

1 새벽, 새베기, 새박

현대 국어 '새벽'의 옛말인 '새배'와 '새박'은 15세기 문헌에서부터 나타난다. ㄱ받침이 없는 '새배' 계열과 '새박'이 서로 공존하다가 점차 근대국어(17~18세기)에는 주로 '새배' 계열이 보였고, 18세기에 '새벽'이 나타났다.

그런데 중세국어 '새박'을 두고 원래 '*새볽>새밝>새박'으로 변한 말로 보는 견해가 설득력이 있어 보인다. 즉 '새박'을 '새(東, 新)+볽(明)'으로 보아 '동쪽이, 또는 새롭게 밝아 오다'는 의미를 지닌 말로 보는 것이다. 그리고 나중에 한자어 '벽(闢 열릴 벽, 劈 깨뜨릴 벽)'의 영향으로 '새벽'

으로 바뀌지 않았을까 생각된다.

제주도의 '세베기', '세벡'은 '새벽'이 변한 말일 것이다.

'새박'은 북한 거의 전역에서 사용되는 말이다. 이 말은 15세기 문헌에 등장한 '새박'이라는 고어 형태가 변함없이 지금까지 사용되고 있는 것을 알 수 있다.

2 새복, 새북

'새복'은 거의 남한 전역에서 사용되는 말인데, 북한에서는 ·(아래아)의 변화가 ·>ㅏ로 변하여 '*새봌>새박'으로 바뀌어 온데 비하여, 남부방언의 '새복'은 ·>ㅗ의 변화를 보인 '*새봌>새복'이 지금까지 내려 온 것이라 볼 수 있을 것이다. ·>ㅗ 변화는 남부방언에서 흔히 볼 수 있다(붉다>복다, 블셔>폴쌔).

경상도의 '새북'은 '새복>새북'으로의 교체로 보인다. ㅗ-ㅜ 교체는 '호도-호두', '작도-작두'에서의 변화와 같다.

3 새배

북한 전역에 분포하고 있는 '새배'는 역시 중세국어(15세기) 문헌에서 보이는 가장 고어 형태이다. '새배'는 그것이 쓰이는 상황에 비추어 보면 '새박'에 처소격조사 '에'가 첨가된 형태로 '새박에>새바게>새배'의 변화가 아닌가 추측해 본다.

두시언해(春夜喜雨 15세기)에서도 같은 환경에 나타나는 '새배'를 볼 수 있다. 새배 불근 저즌 따흘 보니, 錦官城(금관성)에 고지 해 펫도다. (새벽에 붉게 젖은 땅을 보니, 금관성에 꽃이 많이 피어 잇도다)

호랑이가 도와준 수절과부

연기(燕岐) 봉암(鳳岩)이라는 데가 있어. 봉암에 거 어떤 양반이 부자로 사는 인데 마나님은 돌아가시고 대평리 색씨를 며느리로 얻어가지고 1년 한 달만에 아들이 죽었어. 이 젊은 청춘과부가 됐단 말여. 그 친정어머니 아버지가 개가를(다시 시집가는 일) 가라는 거여.

"돌아가실려구 하는 시아버님을 두루서메루(두고서는) 전 시집을 못 갑니다." <중략>

큰 호랑이가 와서 말여, 업어다가서는 그 집 마당에다가 떡 내려 놓는거여. 그래 시아버지 공경을 하구서 잤는데 그 이튿날 저녁에 새복(새벽) 4시쯤 해서 말여. 그 업어다 준 호랑이가 말여 꿈에 나타나거던

"내가 죽게 됐다." 함정에. 그래 호랑이가 함정에 빠져서메루 꿈에 선몽(현몽)을 하는데 새복(새벽) 4시쯤 짤뚝이 고개 밑에다 함정을 파 놨더라네. 이 여자가 포수들 보구 말이여.

"호랭이 쏘지 말라! 이 호랭이가 바로 나를 우리 마당에 데려다 준호랭이다." 원이 나랏님한테 상소를 해 가지구서 말여. 정문을 지어 주라 해서 효부 정문을 지어서 시방(지금) 봉암리 짤뚝이고개 넘어가면 아목한 동네에 그 여자 정문이 있다는 게여.

청주시 내덕동 설화

43. 서랍

자라는 아이들은 자신의 비밀을 담아둘 책상과 '서랍'을 갖게 되면서부터 온전한 개체로 독립을 위한 준비를 시작하는 것 같다. 표준어 '서랍'은 '책상, 장롱, 화장대, 문갑 따위에 끼웠다 뺐다 할 수 있게 만든 뚜껑이 없는 상자'로 풀이되어 있다.

'서랍'은 서북방언에서 '뻘함', '빼랍'으로 부르고 동북방언에서는 '뽀비'라고 한다. 동북방언, 중부방언, 제주방언에 걸쳐서 '서랍', '설합', '설랍'이 분포하고 남한 전역에서 '빼다지'가 널리 자리잡고 있는 것을 볼 수 있다. 그리고 국토의 가장 북쪽과 남쪽에 '빼비'가 눈에 띈다. 이러한 말들은 어떤 의미를 가지고 태어난 것일까?

1 서랍, 설합, 설랍

표준어 '서랍'은 옛말 '셜합(18세기)'이 변한 말이다. '셜'은 '혀'를 말하는 한자어 '설(舌)'이고, 여기에 '작은 용기'를 말하는 '합(盒)'이 더하였다. 그래서 '나오고 들어가는 모습'을 말하는 '설합(舌 혀 설, 盒 그릇 합)'을 사람의 '혀'에 비유한 것이다.

그래서 '혀처럼 들락거리는 그릇'이라는 뜻으로 '설합>설압>서랍', 즉 ㅎ이 탈락하고 연음이 된 모습이다.

또 다른 견해로는 '서랍'을 '잡아당기다'의 뜻인 옛날 '혀다'가 구개음화하여 '셔다'가 되고 어간 '셔-'에 관형사형 ㄹ이 붙은 '셜>설'에 '합(盒 그릇)'이 합한 말이라고 보아 '설합>설압>서랍'이라는 견해도 있다. '잡아 당기는 그릇(용기)'라는 뜻이다.

2 빼다지

거의 남한 전역에 분포하는 '빼다지'는 '빼고 닫는다'에 접미사 '-이'가 합한 '빼+닫+이'이고, '빼고 닫는 물건'이라는 뜻이다.

참고로 평안도에서는 '뻴함'이라고 하는데, '빼+ㄹ+함'으로 볼 수 있다. 그래서 '빼다지(빼+닫+이)'는 두 어간 사이에 어미가 없이 바로 '어간+어간'이 결합한 비통사적 합성어이고, '뻴함'은 '빼+ㄹ+함'으로 '어간+어미+어간'으로 이루어진 통사적 합성어임을 알 수 있다.

3 뽀비

함경도의 '뽀비'는 '뽑+이'로 '뽑다(抽)'에서 온 말로 보인다. 비슷한 말 '빼비', '삐비'는 '빼+ㅂ+이'로 어간 '빼-'에 ㅂ이 첨가되고 명사형 접미사 '-이'가 붙어서 만들어진 말로 생각할 수 있다. 그리고 국토의 최북단과 (함경도, 평안도)과 최남단(경상도, 전라도)에 '빼비'가 분포하는데 그 연관성이 궁금하다.

4 뻴함, 빼랍

평안도, 황해도에서는 '서랍'을 '뻴함', '빼람', '빼랍'이라고 하는데, '뻴함'은 '뻴+함'으로 '함(函)'은 '상자'를 말한다. 그래서 '빼는 상자'라는 의미이다. '빼람'은 '뻴함>빼람'으로 변해 온 말이다.

'빼람'과 비슷한 형태인 '빼랍'은 '함(函 상자)' 대신에 '합(盒 그릇)'이 붙어서 이루어진 말이다. 즉 '빼다'의 관형사형 '뻴-'과 '작은 그릇'을 말하는 '합(盒)'이 합하여 '뻴합'이 된 것이다. '뻴합>빼랍>빼랍'으로 변해 왔다. 혹은 '**빼**람+서**랍**'의 '빼+랍'이 합한 혼태어일 수 있다.

어느 과부와 귀가하던 과객

"그래 당신 얼굴 카마 목성이 좋기 따문에 나도 청춘 과분데, 고마 나캉(나랑) 도망질하자."꼬. 여자가 머 이카는 기라(이러는 거라)

"내 <u>빼다지(서랍)</u> 열마(열면) 은금보화가, 보석이 수북한데, 주머니에 마 그거만 여가 가마 실컨 살낀데, 해필 이거 무겁은 짐 실고 갈 거 머 있노. 내 인자 집에 가여 그 놈을 가와야 되겠다. 그래가지고 그 남자한테,

"여, 바라꼬 섰이라."꼬, "내 집에 가가, 어 금은보화 그 놈을 가오마 주머니에 옇어 가도 게갑기(가볍게) 갈낀데 이 무겁은 짐을 마 가갈 필요 없다."꼬. "집에 가, 여 <u>빼다지(서랍)</u> 열어가지고 저 은금보화를 가와, 그거 가가자."꼬.<중략>

그래 가주고 그 큰오마이가, 큰 오마이가 잘해 조가주고(줘서) 하나도 분란 없이 그 가정에 잘 돼가 안직따나(아직까지) 잘 산다 카더만.

대구시 수성구 범어동 설화

44. 소나기

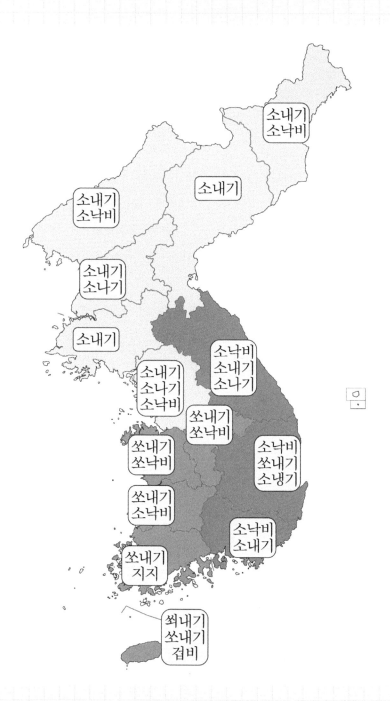

추적추적한 비는 싫어하지만, '소나기'를 좋아하는 사람은 의외로 주변에 많은 듯하다. '소나기'는 무언가 끌리는 마력을 가지고 있다. '소나기'는 갑자기 세차게 쏟아지다가 곧 그치는 비. 특히 여름에 많으며 번개나 천둥, 강풍 따위를 동반한다. '소낙비', '취우(驟雨)'라고도 한다. 전국적으로 '소나기'는 대체로 '소내기', '쏘내기', '쏘낙비', '쇠내기' 등으로 불리고 있다.

'소나기'를 흔히 민간어원에서 두 농부가 "저 구름 속에 비가 들었는지 아닌지 소 내기를 하자"는 이야기에서 나왔다는 말이라고 전하기도 한다. '소나기'의 원래 의미는 무엇이었을까?

1 소나기, 소내기, 쏘내기, 쇠내기

'소나기'의 원래 의미는 중세국어 '쇠나기(15세기)'에서 찾아볼 수 있다. '쇠나기'의 '쇠(祁 세차다)'는 '몹시', '심하게'라는 의미를 지니고 있고 '나기'는 '나리는(내리는) 것'을 가리키고 있다. 그래서 '쇠나기'는 '세차게 내리는 것'이라는 의미를 지니고 있는데, '쇠나기>소나기>쏘내기'로 바뀌어 왔다. 결국 '쏘내기'는 이처럼 '세차게 내리는 것(쇠나기)'이라는 의미가 현재의 '소나기'의 뜻으로 정착된 것이다.

제주도의 '쇠내기'는 '쏘내기>쇠내기'로 볼 수 있지만, 옛말 '쇠나기>

쐬나기'로 보아 고어 형태를 유지하고 있다고 할 수 있다.

이러한 '쇠'는 옛 문헌에서 '쇠나기' 말고도 '아주 추운 때'를 쇠치운 저기라고 했고, '여러 개의 화살을 쏘아 한꺼번에 나가는 기구'를 말하는 소뇌에서 찾아볼 수 있다. 이들 어휘에서 보이는 '쇠', '소'도 '세차게', '한꺼번에'라는 의미를 지닌 말이다.

② 쏘낙비

'쏘낙비'는 '소나기+비'의 합성어로 '소나기비>소낙비>쏘낙비'로 변했을 것이다. '소나기' 자체로 '세차게 내리는 비'인데 여기에 '비'가 더해졌으니 동의중복어인 셈이다.

물론 '쏘낙비'를 말하는 지역에서도 '쏘내기', '소내기'를 함께 사용하고 있다.

제주도에서는 '겁비'라고도 하였는데 이때 '겁-'은 '무서워하다', '겁내다'는 의미를 지닌 '겁(怯)'과 관련이 있어 보인다. 그래서 '겁비'는 '겁이 날 정도로 쏟아지는 비'라는 의미일 것이다. 혹은 표준어의 '갑자기 쏟아지는 비'를 말하는 '급우(急雨)'의 '급-'에 이끌려 생긴 말인지도 모른다. (급비>겁비)

이처럼 '심하다', '강하다'는 의미를 포함한 비는 표준어에서 '급우(急雨)' 외에도 '악수', '억수(물 퍼붓듯이 세게 내리는 비)'라는 말도 있다.

은공을 갚은 쥐

예전에 한 사람이 그 동네서 5백 석을 하는데 바로 집 뒤에 봉오리가 하나 이래 있는데 고 밑에서 집을 짓고 오뉴월에 <u>소낙비(소나기)</u>가 폭우가 엄청 내리는데 하필 낮에 점심상을 받아가지고서 식구가 2십여 명이지, 심부름꾼 하고. 그 집 뒤지엔 있는데 쥐라는 게 온동네 쥐가 다 모아가지고 그 집 뒤지에 와서 전부 다 까먹어도, 그 호주 주인이,

"먹께루 내비두라. 그것도 아무리 미물의 짐승이지만 먹고 살라고 나온거 내비두라." 그래 장 만류를 하고 못 잡게 하고 이래 됐는데 그 뒤주에서 쥐가 펄 펄 뛰나와가지구서 두패로 딱 갈라가지구 자꾸 동가릴(등에 올라타기) 받어 두 패가 한데루 나가드래. 사립 밖으로. 그래 그 주인이 고만 그 <u>소낙빌(소낙비를)</u> 우장도 안하고(비옷도 안 입고) 맞고 그 2십여 명 식구가 싹 그걸 따라 나갔드래.

"아 그 참 희안한 일 봤다."구서 이래구서 인저 식구가 돌아서서 올라하니께 고 시기(時期)에 고 뒤에 있던 봉오리가 산태(山汰)가 나가지고 집을 고만 싹 가지고 어디로 갔는지 고만 없어졌다고. 그래 그게 인제 그 쥐가 그 주인이 그렇게 내 집 곡식 와서 먹는 걸 내비두라(내버려 두어라) 한게 이게 쥐가 그 날 그 시(時)에 그 두 패로 그것을 안했으면 고기서 점심 먹다가 고 집 식구가 산태에 고만 싹 멸종을 할낀데 은공하느라고서 그래가지고 목숨 하나 허실 안내고 참 살고. 그래 그 미물 짐승도 은공한다는(은혜를 갚는다는) 그런 얘 기가 있어.

영동군 상촌면 설화

45. 솥뚜껑

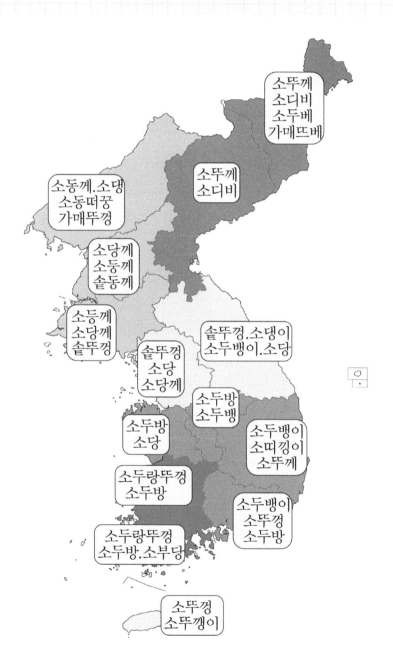

표준국어대사전에 '솥뚜껑'과 '소댕'은 같은 말인데 '솥의 아가리를 덮는 것, 가운데가 볼록하게 솟고 복판에 손잡이가 붙어 있다'고 풀이되어 있다. '솥뚜껑'의 각 지역별 분포를 보면 함경도의 '솥뚜께', 평안도, 황해도의 '소당께', '소동께', 중부 지역의 '솥뚜껑', '소두방', 동남방언의 '소두뱅이', 서남방언의 '소두방뚜껑' 등 흥미롭기만 하다. 이 말들은 어떤 변화를 겪으며 생겨난 말일까?

1 솥뚜껑, 소뚜께

표준어 '솥뚜껑'은 그대로 '솥'과 '뚜껑'의 합성어이다. '솥(15세기)'은 중세국어 문헌에 나온 형태 그대로이다. 그리고 '둡게(15세기)>두에(16세기)>둣겅(19세기)>뚜껑(20세기)'의 변화를 볼 수 있다.

함경도의 '소뚜께'는 '뚜껑'을 의미하는 옛말 '둡게'가 합성된 '솥둡께>소뚜께'의 변화형임을 짐작할 수 있다. 그리고 함경도에서는 '솥'을 주로 '가마'라고 하여 '가마뚜께', '가매뜨베'라고도 한다.

2 소두방, 소두뱅이

남부지역의 '소두방', 경상도의 '소두뱅이'는 '솥'에 '뚜껑'을 말하는 '두방', '두뱅이'가 붙어 만들어진 말이다.

'뚜껑'에는 많은 변이형이 존재하는데, 크게 '두벙(두방)', '두랑', '댕이', '당께'가 그것이다. 그래서 '소두방', '소두뱅이'는 '소두벙(솥+두벙)'이 '소두벙>소두방>소두뱅이'로 변화해 온 모습으로 볼 수 있다.

3 소당께, 소동께, 소등께

먼저 평안도, 황해도의 '소당께', '소동께', '소등께'는 표준어 '소댕'과 관련된 말인데, 국어사전에 '소댕'은 '솥을 덮는 손잡이가 달린 쇠뚜껑'을 말한다. '소당께'의 '소당'은 표준어 '소댕'으로 변하기 전의 모습으로 짐작된다. '소당'은 앞에서 본 '소두방'의 ㄷ-ㅂ음운도치형 '소부당'이 '소부당>소붇당>소우당>소당'의 변화가 아닐까 생각한다. 실제 서남방언에 음운도치형 '소부덩'이라는 말이 쓰이고 있다.

그래서 '소당께'는 '소당'에 '뚜께(뚜껑)'가 합성된 말 '소당뚜께'가 줄어들어 '소당뚜께>소당께'로 변한 말일 것이다. 그리고 보면 '소당께'는 '소(솥)+당(뚜껑)+께(뚜껑)'로 이루어진 말이며 '뚜껑'이 중복으로 붙어 있는 모습이다. 이처럼 '소동께', '소등께' 등도 '소당뚜께'의 음운변화형으로 볼 수 있을 것이다.

4 소두랑뚜껑

서남방언의 '소두랑뚜껑'은 '솥'에 뚜껑의 변화형 '두랑'과 '뚜껑'이 합성된 다소 복잡한 말이다. 즉 '두랑'도 '뚜껑'의 의미이다. 그래서 '솥+두랑(뚜껑)+뚜껑'으로 '뚜껑'이 두 번 중복되었다. '소두랑'은 '소두방'의 변이형일 것이다.

예전의 솥은 거의 모두가 무쇠로 만든 가마솥이었다. 그래서 이 가마솥의 '소두랑뚜껑'을 거꾸로 눕혀 놓고 그 아래에 불을 때고, 부침개를 부쳐 먹거나 고기를 볶아 먹는 모습을 볼 수 있었다.

삼천갑자 동방삭의 죽음

새파란(새파랗게 젊은) 여자가 마 고기 천년만년 묵은 여수라(여우라). 고기(그것이) 동방삭이(동방삭을) 잡아묵을라고 벼루고 있었는데,<중략>

(동방삭이) 말을 타고 집에 다말아와가지고 오감사인데(아내한테), "와이고, 내 뒤에 뭐이 날 때리쥑이로 온데이. 우야꼬? 나 좀 숭키 도가(숨겨 달라)." 쿰시로 뒤에 (동방삭이)독 안에 탁 드가가지고(들어가서) (아내가)소두뱅이로(솥두껑을) 딱 덮어 놓이까네, 쪼매 있으이까네, 새파란 여자가 하나,

"이 집이 동방삭이 집이요?"쿠고 왔거든. "없심더.""와(왜) 찾는교?" 쿠이까네, 요년이 뭐라 쿠는고 카이까네,

"동방삭이가 저 내캉 세상에 동품(동침)을 하고 자고시러 날로(나에게) 돈을 한 푼도 안 줘가시러 내가 돈 받으러 안 왔나?" 이라거든. 이렁께 큰 어마이(본처) 이기 보골나(화나서) 죽어. 저 놈우 첩지 쥑이 삐라, 마." 그래가지고 소두뱅이(솥뚜껑)로 딱 들비시(들어) 주었거든. 거무줄을 다 쳐 뿌고, 드가가 마 잡아묵어 그래 죽었단다.

울산시·울주군 온양면 설화

46. 숟가락

살피.술
숟가락

술.숟가락

술.숟깔
살푸

숟깔

숟깔

숟가락
숟깔

숟가락
숟깔

수제
숟깔

수제
숟깔

숟깔
숟까락

수제.숟깔
수꾸락

숟깔.수꾸락

수제.수꾸락

숟깔
숟까락

'숟가락'과 젓가락을 동시에 사용하는 민족은 지구상에 우리 한민족이 유일하다는 보고가 있었다.

군 입대 직후 훈련소에서는 '숟가락'만 하나 주어지는데 이것으로 음식을 먹는 데 별 문제는 없다. 나는 입대한 지 며칠 안 되어 숟가락을 잃어버려서 훈련병 시절 한 달 내내 가장 먼저 먹고 난 동료의 숟가락을 빌려 시간에 쫓기어 먹어야 했던 기억이 있다.

표준어 '숟가락'은 '밥이나 국물 따위를 떠먹는 기구'를 말하고 지역적 분포는 '살피', '술', '숟깔(수까락, 수꾸락)', '수제' 등으로 크게 나누어볼 수 있다. 이 말들의 원래 의미와 변화과정을 살펴보자.

1 숟가락, 숟깔, 술

표준어 '숟가락'은 옛말 '술(15세기)'로 나타난다. '술+ㅅ(관형격 조사)+가락'의 합성어인데, '술'의 ㄹ이 탈락하여 '숫가락'이 바른 표기인데, 나중에 ㄹ>ㄷ으로 변한 것으로 생각하여 '숟가락'으로 표기하게 된 것이다. '술>숟'에서 보는 받침 ㄹ>ㄷ 표기의 변화는 '설달(설+달)>섣달', '이틀날(이틀+날)>이튿날'에서도 같다.

'술'은 '한술 밥에 배부르랴'에서 보듯 '한 숟가락'의 작은 분량을 말한다. 함경도, 평안도에서는 옛말 '술'을 그대로 사용하고 있다.

'수깔'은 '숟가락>숟갈>수깔'로 변한 것을 쉽게 짐작할 수 있을 것이다. 또 '숟가락'을 '수꾸락'이라고 하는 지역이 많다. '수꾸락'은 '숟가락>수꾸락'으로 변한 말로 '손가락>손꾸락'과 같은 경우다.

2 수제

충청도, 전라도에서는 '숟가락'을 흔히 '수제'라고 하는데 사실은 '수제'는 원래 '숟가락'만이 아니라 '숟가락'과 '젓가락', 이 두 가지를 함께 이르는 말이다. 즉 '수제'는 원래 '술저'로서 '술(숟가락)+저(箸 젓가락)'로서 '숟가락+젓가락'의 합성어이므로 우리말+한자어로 이루어진 셈이다. '술저>수저>수제'로 변해 온 모습이다.

3 살피

함경도, 평안도의 '살피', '살푸'는 옛말 농기구를 말하는 '삷(삽 15세기)'와 같은 뿌리에서 온 말로 보인다. 흔히 땅을 파고 흙을 뜨는 데 쓰는 연장인 '삽'에 밥을 뜨는 '숟가락'을 연상하여 이름을 붙인 것이다. 흔히 심마니들이 사용하는 말이라고도 한다.

'삽(揷)'의 옛말 '삷(15세기)'은 후에(19세기) '삷'의 받침 ㄼ 중에서 ㄹ이 탈락하여 현대 국어와 '삽'이 되었는데, 함경도, 평안도의 '살피', '살푸'는 옛말 '삷'의 ㄼ의 ㄹ 흔적이 남아 있는 말로 보인다. 이것은 옛말 'ᄡᆞᆯ(米)'의 ㅄ 중 ㅂ이 살아난 모습인 '조ᄡᆞᆯ>좁쌀'이 된 경우과 비슷하다. '살푸', '살피'도 '삷'에 명사형 접미사 '-우', '-이'가 붙어 거센소리화한 것으로 볼 수 있다.{살부(삷+우)>살푸>살피}

엉터리 점장이

어느 한 정쟁이가 장구를 짊어지구 이 한 동네 와 가지구 정(경)을 읽는데, 밤 새애—더락 정얼 읽어두 헐 말이 욱거던(없거든)? 얘(그래) 이눔이 한닷소리가 머라구 하느냐 하먼,

"대롱대롱 와앙대롱 홧대 밑이 조오대로—옹." 하먼서,

"날만 새먼 꼭감, 대추는 내차지다—아." 그 집은 왜 정을 읽능고 하니, 뭘 입뻐렸어(잊어버렸어). 참 돈보다리 입뻐리구 참 그거 찾는다구 정을 읽는데, 훔쳐간 눔이, 정쟁이 뒤에 앉어 가지구서는, 아랫목 홧대(횃대)밑이 앉어서 대가리만 감춰 놓구 몸뗑이만 내놓구서 구경허거든? 소리만 득거던? '뭐라구 하나아' 듣니라구. 아, 그런디, 그 사람이 승(성)이 뭐(뭔)가냐 하면 승은 (조)가요. 이름은 (대롱)이여? 이눔이 훔쳐 갔어. 베람박(벽)을 쓱 둘러보니까, 오색찬란항 걸 다 걸어 놓구서 구텡이 보니까 홧대다가서 대나무 <u>수제 (순가락)</u> 대롱을 달아 매났어. 그래서 대나무통이루 만든 <u>수제(순가락)</u>통이 **조대롱**입니다. 그 이짝 이름이. 그걸 쳐다보구서,

"대롱대롱 와앙대롱(왕대롱) 홧대밑이(횃대 밑에 있는) 조오대롱—." 허니까, 홧대밑이 가 있던 **조대롱**이 큰일낙거던? 제 이름을 대니까 허어…. 그래 역구리를 하나(한 번) 쿡! 찔르구서는 나 좀 보자구 하더라능 거여. 그래 나가서,

"내가 가주갔어(훔쳐 갔어). 용서해 달라."구 하는 이런 전설이 있습니다.

보령군 웅천면 설화

47. 시렁

표준어 '시렁'은 물건을 얹어 놓기 위하여 방이나 마루의 벽에 두 개의 긴 나무를 가로질러 만든 것을 말한다. '시렁'은 집 안팎의 방과 대청, 처마 아래 유효공간의 확대를 통하여 생활의 불편을 조금이라도 해소하려 한 흔적이다. 나무판자가 부족하던 시절에 선반 대신으로 사용하였다.

전국적으로 크게 '덕대', '덕', '시룽', '실겅', '실컹', '선반' 등으로 사용하여 오고 있다. 이 말들의 원래의 뿌리를 살펴보자.

▮1 시렁, 시룽, 실겅, 실컹

'시렁'은 옛말 '실에(15세기)'로 처음 문헌에 나타난다. '실에'는 동사 '싣다(載)'에서 온 말로 볼 수 있는데, 어간 '싣-'이 ㄷ불규칙 활용으로 모음 앞에서 '실-'로 나타나고 '-에'는 명사화 접미사이다.(싣에>실에)

곧이어 나타난 '시렁(16세기)'은 현대까지 이어지는데, 역시 '싣(실)-'과 '-엉(접미사)'이 합한 모습임을 알 수 있다. '싣엉>실엉>시렁'으로 변해 왔을 것이다.

'실에', '시렁'의 '싣-'은 모두 두 갈래 나무 위에 얹어 놓는 선반과 같은 것인데, 이 모습을 '물건을 실어 놓는 곳'으로 생각한 것이다. '시룽', '시룽'은 단순한 음운변화형으로 보인다.

그리고 거의 전국에 펼쳐져 있는 '실겅'과 경상도의 '실강'은 '시렁'에 ㄱ이 첨가된 말인데, 이것은 마치 '얼레빗>얼게빗' 등에서와 같은 변화이다.

2 선반

서남방언의 일부지역과 제주방언에서는 대체로 '시렁(통나무를 가로 얹는 것)'과 '선반(나무판자를 얹는)'을 구분하지 않고 그냥 '선반'이라는 말을 많이 사용한다. 이 '선반'은 원래 '판자를 매달아 받쳐 놓은 것'이라는 뜻의 한자어 '현반(懸 매달 현, 盤 소반 반)'이 '현반>션반>선반'으로 변한 말이다. '형님>성님'의 모습과 같다. 즉 '현반'은 원래 '매달아 놓은 판대기'라는 뜻이다.

이처럼 물건을 얹어 두는 곳인 '시렁'은 원래 두 개의 대나무나 통나무로 위에 바구니, 고리짝 등의 비교적 큰 물건을 얹어 놓을 수 있는데 판자로 된 '선반'에는 작은 것도 얹을 수 있다는 차이가 있다. '선반', '시렁'과 비슷한, 부엌에 대나무 등을 엮어 그릇을 얹어 놓는 곳을 일러 표준어로 '살강'이라고 한다.

3 덕대

함경도, 평안도에서는 '시렁'을 '덕대', '덕', '조앙대' 등으로 부른다. 표준어에서도 '덕대'는 '널이나 막대기 따위를 나뭇가지나 기둥 사이에 얹어 만든 시렁이나 선반(=덕)'을 말한다. '덕(棚)'은 '선반'을 일컫는 말로 15세기에 등장했던 오랜 옛말이다. 그래서 '덕대'는 '선반에 얹는 대나무' 정도로 풀이된다. '덩대'는 '덕대'의 음운교체형이다.

평안도, 황해도의 '조앙'은 본래 모습인 '조앙대'에서 '대'가 줄어든 말이다. 원래 '조앙'이란 말은 표준어의 '조왕(竈 부엌 조, 王 임금 왕)', '조왕신(竈王神)'이라는 말로 '부엌의 신'을 말한다.

그래서 '조앙대'는 그대로 '부엌'과 관련하여 '조왕(부엌)+대(竹)'의 합성어로 '조왕(부엌)에 걸치는 대나무' 정도로 볼 수 있다.

유산으로 받은 탈로 팔자 고친 아들

그래구려 사는데 하루는 이제 죽을 때가 됐던가 자기 아들을 불러서 유언을 해.

"저 실겅(시렁) 고리에 뭐가 하나 있느니라. 저 갖다가 너 급한 시에 그걸 떼 보고 그 신발 비싸게 받는 건 다른 게 아니다. 그 참…." 그러면서 일방 운명을 하면서 말이 안 나와서, <중략>

옛날 저 장사 탈 탈바가지 말하자면 그 탈만 하나 있단 말여. 이놈을 내가지고 가만히 생각해 보니께,

"필연 내가 이걸 뒤집어 쓰라는가 보다." 이래서 이걸 뒤집어 쓰고 담배대를 하나 물고설랑은 가만히 앉아 있다. 한-밤중이 됐어. '우르룽 뚱땅' 하고 막 그 천둥하는 소리하드니 뭘 방문을 확 열드랴. 범같은 참 무슨 귀신이든가 와설랑은 마루 마루에 와설랑 뜩 서드니 그놈이 푹 주저앉드니만 두 무릎을 꿇고설랑,

"장군님 그저 과히 죽을죄를 졌습니다."

영동군 양강면 설화

48. 아궁이

우리말 변화의 모습

- 아귀(17~19세기)
- 아궁이(18세기~현재)

한국인이라면 누구든 '아궁이' 앞에서 뭉툭하고 짤막한 부지깽이로 불을 때 본 적이 있을 것이다. '아궁이'에 불을 피우고 위의 가마솥에 음식을 조리하고, 아궁이 뒤로 빠져나간 열기가 고래를 따라 방을 데우는 우리의 전통 온돌방식은 중국의 한족(漢族)이나 몽고족 등 다른 민족에게서 찾아보기 힘들다고 한다.

'아궁이'는 크게 동북방언의 '부수께', '부수께아구리', 서북방언에 '벡악제기', 중부방언에 '아궁이', '아궁', 강원도의 '보강지', 충청도에 '고쿠락', 경상도, 전라도의 '부석', '부석짝', 제주도의 '솟강알' 등 여러 모습이 있다. 이러한 말들은 본래 어떤 의미로 생겨났을까?

1 아궁이, 아궁, 보강지

현대국어 '아궁이'의 옛말인 '아귀'는 17세기 문헌에서부터 나타나고 뒤이어 '아궁이(18세기)'로 나온다. '아궁이'이나 '아귀'는 둘 다 공통적으로 '악'을 가지고 있는데, 이것은 원래 '입(口)', '입구(入口)'의 의미를 지닌 말이었다. 이와 관련된 말은 흔히 '입'을 낮추어 말하는 '아가리'에서 볼 수 있는데 이 말은 '악'과 '작고 귀여운 것'을 말하는 '-아리'로 이루어진 말이다. 그래서 '아궁이'는 입구를 말하는 '악'에 접미사 '-웅', '-이'가 결합된 것으로 볼 수 있을 듯하다. 물론 '아궁+이'로 보는 견해도 있다.

강원도, 충청도에서 보이는 '보강지', '부강지'는 '불+억(근처)+아감지

(입구)'가 '부억아감지>부강지(버강지)>보강지'로 보인다.

2 벽악채기, 벡악제기

평안도의 '벽악채기', '벡악재기'는 '부엌>벽>벡'으로 축약된 말에 '-악재기(악채기)'가 붙어 만들어진 말이다. '-악재기'는 함경도, 평안도에서는 흔히 '아가리(입, 입구)'를 뜻한다. 그래서 '벽악제기'는 '부엌악재기>벽악제기'로 변해 온 말이다. 여기에서 '벽(부엌)'은 현재의 '부엌'의 의미보다는 '불의 어귀(입구)'를 뜻한다고 볼 수 있다. 그래서 '-악재기'는 즉 '불의 입구(아가리)' 즉 '아궁이'의 의미가 되는 것이다. 같은 지역의 '벽아구리' 역시 '부엌아구리>벽아구리'로 변한 말이다. 그래서 '불 근처 아가리(아구리)', 즉 '불이 들어가는 입구', 즉 '아궁이'를 뜻한다.

3 부석, 부삭, 부석짝, 부수께, 부수께아구리

전라도, 경상도의 '부석', '부삭', '부석짝', '부엌'은 원래 '블+ㅅ+억', 즉 '블(火)'과 '억(어귀, 근처)'의 합성어로 '불의 근처'를 말하던 것이 지금의 '아궁이'로 굳어진 말이다. '부석'이란 말은 원래 '부엌'과 같은 말뿌리(불+ㅅ+억)가 '부엌'이나 '정지(부엌)'에 밀려 남부방언에서 불을 지피는 '아궁이'로 바뀌어 온 것이다.

함경도의 '부수께' 또는 '부수께아구리'는 '불+ㅅ+의+께'로 보이고 여기에 '아구리'가 합한 말인데, '-께'는 '장소'의 의미를 지닌 접미사로 결국 '부수께'의 원래 의미도 '부석'처럼 '불 근처'의 의미로 볼 수 있다. 이것이 차츰 '아궁이'의 의미로 바뀌게 된 것이다. 그래서 '부수께아구리'는 '부수께(아궁이)+아구리(아궁이)'로 '아궁이(아구리)'의 의미가 중첩된 말이 된다.

4 고쿠락, 솟강알

강원 산간 지대에 가면 방 안의 모서리 진 구석에 흙과 돌로 만든, 코처럼 생긴 긴 아궁이 모양의 시설이 있다고 한다. 일종의 벽난로(난방시설)이면서 조명시설인데, 기름이 귀하던 때 여기에 오래 타는 관솔불을 지폈다고 한다. 그것이 바로 '고쿨'이고 이 말이 충청도 등으로 전해져 '고쿠락'이 되었다고 말한다.

'고쿠락'은 '코(鼻)'의 옛말 '고ㅎ'와 '굴(穴)'이 합한 '고쿨'에 접미사 '-악'이 더해져 '고쿠락'이 된 것으로 보고 있다.

제주 '솟강알'은 '솥(鼎)'과 관련 의미인데 정확히 알기 힘들다.

현장 구술 담화: 강원도편

개와 고양이의 구슬다툼

정성을 들여. 이 사람이 가서 과거를 보러 가가지구 참 과거에 급제를 했어. 암행어사가 돼갖구 인제 도루 그 기생집에를 오는데 다 떨어진 흔(헌) 갓에다가 흔옷을 입구 이래구선 지금 그 마패를 든 그 패를 짊어지구 보따리를 짊어지구 오는 거야. 얼마큼 자다가 일어나가지구는 아, 나가서 보니까, 불에다 부엌 <u>아궁지</u>(아궁이)에 너서 부엌 <u>아궁지</u>(아궁이)가, 그 오쟁이가 탄 것이 아주 재만 고소기(고스란히) 있는 게 나타나드라구. 아니 미쳐서 날뛰다시피 하구는, "세상에 거기에 내가 지금 마패가 들어 있는데 그걸 지금 태워버렸으니 나는 인제 나는 인제 죽었다."

횡성군 서원면 설화

49. 아지랑이

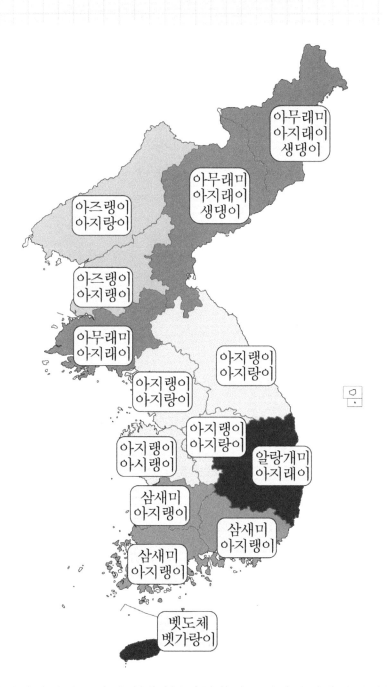

봄이 오고 온 들판에 피어오르는 '아지랑이'는 신기하게도 산골 사내아이들의 가슴에 봄의 생기가 용솟음치게 만든다. 현대인은 이 대자연의 신비로운 봄의 선물을 애써 외면해가며 살고 있는 것은 아닌지 안타깝기만 하다.

'아지랑이'는 주로 봄날 햇볕이 강하게 쬘 때 공기가 공중에서 아른아른 움직이는 현상인데, 남부방언의 '삼새미', 함경도, 황해도의 '아무래미', 경상북도의 '알랑개미', 제주도의 '벳도체'를 제외하면 전국적으로 대체로 '아지랭이'형이 분포하고 있다. 이 말들의 본래 의미는 무엇이었을까?

1 아지랑이, 아지랭이, 아즈랭이

표준어 '아지랑이'는 처음 문헌에 '아즈랑이(17세기)'로 등장한다. 분명하지는 않으나 봄날 따뜻한 햇볕 아래 '아른거리는 모습', '어지럽게 피어오르는 모습'으로 생각하여 이렇게 표현한 말로 보인다. 그래서 전국 대부분의 지역에서 사용되는 '아지랭이'는 '어지럽다', '혼미(昏迷)하다'의 옛말 '아즐ㅎ다(15세기)'와 통하는 말일 것이다. 즉 '아즈랑이'는 '아즐-'에 접미사 '-앙이'가 결합되어 '*아즐앙이>아즈랑이>아지랑이>아지랭이'가 되었을 것이다.

결국 이 말은 봄 들판에 '아즐거리는(아른거리는, 어지러운) 모습', 즉 '아즐하게(어지럽게)' 피어오르는 아지랑이의 형상을 이렇게 표현한 것이리라. 평안도의 '아즈랭이'는 옛 어형에 가깝다.

② 아무래미, 알랑개미

함경도, 황해도에서 보이는 '아무래미'는 '아즐거리다'와 비슷한 의미의 '아물거리다'는 말과 관련이 있어 보인다.

'아물아물'은 '작거나 희미한 것이 보일 듯 말 듯 하게 조금씩 자꾸 움직이는 모양'을 말하고 이러한 상태를 '아물거리다'고 말한다. 그래서 '아무래미'는 '아물거리다'의 어간 '아물-'에 접미사 '-아미'가 결합된 모습으로 '아물아미>아무래미'로 변한 말일 것이다. 접미사 '-아미'는 '아가미(악+아미)', '귀뚜라미(귀뚤+아미)' 등에서도 볼 수 있다.

경상북도의 '알랑개미'는 '아지랑이'를 '알랑거리는' 모습으로 표현한 것이라 보인다.

③ 삼새미

표준어에서 '삼삼거리다'는 말은 '무엇이 눈앞에 잊히지 않고 자꾸 어른거리다'는 의미이다. 그래서 '아지랑이'의 모습이 '눈앞에서 아른거리는 모습'을 보이므로 이렇게 이름을 붙인 것이라 보인다.

그래서 남부방언의 '삼새미'는 '삼삼거리다'의 어근 '삼삼-'에 '사물이나 사람'을 일컫는 접미사 '-이'가 붙어서 '삼삼이'가 연음으로 발음된 모습으로 '삼삼이>삼사미>삼새미'의 모습일 것이다.

④ 벳도체

제주도에서는 '벳도체' 또는 '벳가랭이'라고 한다. '벳도체'는 '벳+도체'인데, '벳'은 '햇볕'을 말하고, '도체'는 제주방언에서 '도깨비'를 '도채비'라고 하는 말과 관련이 있어 보인다. '벳도체'를 '벳도체비'라고도 하며 이는 '볕도깨비(햇볕도깨비)'를 말하는 것으로 보인다. 앞의 '도깨비(22

번)'에서 보았듯이 '돗-'은 '변덕을 부리는 것', '환영(幻影)'이라는 의미다. '볕도깨비>벳도채비>벳도체'로 변해 왔을 것이다.

그래서 '벳도채비', '벳도체'는 '햇볕이 어른거리는 아지랑이 모습'을 마치 햇볕이 변덕을 부리는 것으로 생각하여 생겨난 듯하다.

현장 구술 담화: 경상남도편

서산대사와 사명당

"당신네들 서산대사하고 원효대사하고 누가 선생이고 누가 제자요?"<중략>
그 사제 간에 길을 가다가 봄날은 아득하고 참 아지랭이(아지랑이)가 피고 이런 때에 딱허니 보니께 아 사제 간에 길을 걷다본게 둘 다 고승들이라 이얘기허는 이얘기 뿌리가 끊어졌다 이말이여.

"저 소리가 하나는 황소고 하나는 껌은 꺼먹소(검은 소)다. 어떤 놈이 먼저 일어나겠냐?" 선생이 있다 그럼서,

"먼지 인나는게(일어나는 것이) 불꽃이매 빛이다. 빛이 누르 황(黃)인게 황소가 먼저 인나제 꺼먹소가 인날 턱이 없지 않느냐? 황소가 먼저 인난(일어난) 연후래야 꺼먹소도 인나게 되는 것이다."

정읍시 신태인읍 설화

50. 얼레빗

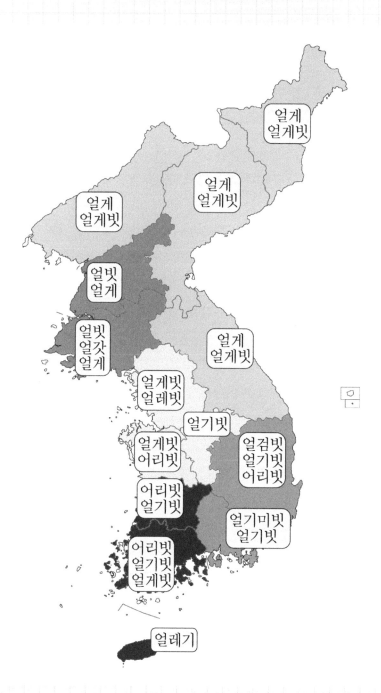

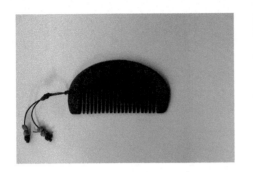

　표준어 '얼레빗'은 머리를 빗는 빗 중에서 '빗살이 굵고 성긴 모양의 빗'을 말하는데 '참빗'과 대조되는 말이다. '참빗'은 빗살 사이가 촘촘한데 예전에 주로 머리에 박혀 있는 작은 이를 쓸어내리기 위함이었다. 예전엔 옷과 머리의 이도 잡아야 하지만 그보다 이를 까기 전에 씨를 제거하는 것도 중요한 일거리 중의 하나였다. 그래서 작은 이보다 더 작은 '이의 씨'를 빗어내기 위해서 '참빗'보다 더 촘촘한 '쎄홀치(서남방언)'라는 빗이 있었다.

　전국적으로 가장 널리 쓰이는 말은 '얼게빗', '얼기빗'이고 동북방언에 '얼게', 평안도, 황해도에 '얼빗', 동남방언에 '얼검빗', '얼기미빗', 서남방언의 '어리빗', 제주방언의 '얼레기'를 볼 수 있다. 이러한 말들은 어떻게 생겨나고 변화해 온 과정은 어떠했을까?

1 얼레빗, 어리빗, 얼레기

　표준어 '얼레빗'의 옛말은 '얼에빗(15세기)'으로 나타나 '어레빗(17세기)', '얼레빗(18세기)'으로 오늘에 이른다. '얼레빗'은 표준어 '어레미'와 관련되어 보인다. '어레미'는 곡식을 흔들어 골라내는 '바닥의 구멍이 굵은 체'를 말하는데, 옛말 '어러미(17세기)'를 볼 수 있다. 이는 체의 바닥을 실이나 줄을 듬성듬성 '얽다(얽어 매다)'는 말이 파생되어 만들어진 '*얼거미(얽어+ㅁ+이)>어러미'의 ㄱ이 탈락한 변화형이라 보인다.

그래서 옛말 '어레빗'도 '얽+에(명사형접미사)+빗'으로 보아 '*얽에빗>얼게빗>어레빗'에 ㄹ이 첨가된 '얼레빗'으로 바뀐 모습을 추측해 본다. 사이가 듬성듬성한 빗이라는 뜻이다. 제주도 '얼레기'는 '빗' 대신 접미사 '-기'가 대신한 모습이다.

2 얼게빗, 얼기빗, 얼게, 얼빗

전국적으로 가장 널리 사용하는 '얼게빗'은 위의 '얽(듬성듬성하게 얽은)+에+빗'의 모습인 '얼게빗'이 ㄱ을 유지하면서 현재까지 원형을 잘 보존하고 있는 모습으로 보인다. '얼게빗'과 '어레빗'의 '얽-얼'의 **ㄺ-ㄹ** 대응은 '실경(쉬엉)-시렁'에서 찾아볼 수 있다. 함경도, 강원도의 '얼게'와 평안도, 황해도의 '얼빗'은 '얼게빗'의 축약형임을 알 수 있다.

3 얼검빗, 얼기미빗

경상북도의 '얼검빗'은 앞의 '어레미'의 이전 형을 '*얼거미'라고 볼 때, '얼거미'에 '빗'이 합성된 '*얼거미빗>얼검빗'으로의 변화를 생각해 볼 수 있다. 이것은 인접하는 경상남도에서 볼 수 있는 '얼기미빗(얼기미+빗)'을 보면 그럴 가능성이 크다. 결국 '얼검빗', '얼기미빗'은 '어레미'처럼 '빗살이 듬성듬성한 빗'이라는 뜻이다.

이와 같은 의미를 가진 합성어로는 서남방언에서 '얼게미논(표준어: 어레미논)'이라는 말도 있는데 '어레미처럼 물이 잘 빠지는 논'을 말한다.

이같이 ㄱ을 유지한 '얼게빗', '얼기빗'이라고 말하는 지역에서는 표준어 '어레미(듬성듬성한 체)'도 대체로 ㄱ을 유지한 '얼게미', '얼기미'가 분포하는 것을 확인할 수 있다.

막내딸의 지혜

일곱 살 머어서(먹어서) 인제 아바이 기리고 그래 장 이래 돌아댕기다가 그 딸 다섯 있는 집에 가가주고 남우집을 살았어. 그래 자라난께 이 참 설임(설움)이 많애. 이전에는 상투 쫒고 머리 삣거등. 그래 <u>얼기빗(얼레빗)</u>하고 챔 빗하고 안 준다 말이라. 이러이 가서나(여자 아이) 너이가(넷이) 어찌기(어떻게나 많은) 설음을 주던동, 줄루르미 방아(방에) 있는데 거어가,

"챔빗 좀, 저 <u>얼기빗(얼레빗)</u>하고 돌라(다오)." 카마, 고마 요 캐미 쏘았부리제. 그래 장 막내이딸 고기이 '에이구.'

"조, 살모시 삣고 조오 갖다 나래이." 고마 한 및일(며칠) 있다가 막 그마 마마 노성이 천동을 해미 막 하늘님이 도았는 기라. 여어 오디이(오더니) 택시를 갖다 태에(태워)놓고 고마 그 마느래를 막내이딸을 고만 디리고 갔는 기라. 깐께 가서나 너이가,

"아이구 진작 내가 챔빗 줄 낀데."

선산군 고아면 설화

51. 염소

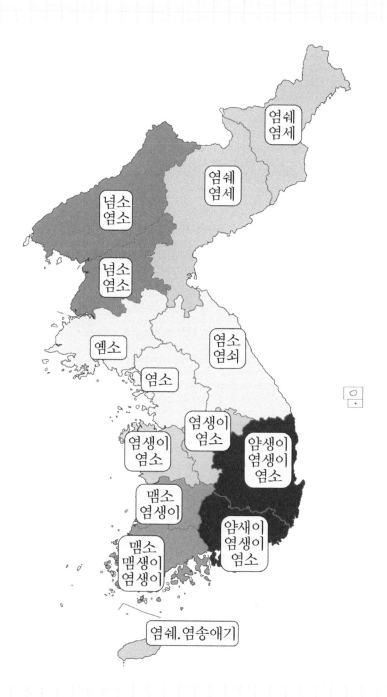

염쉐
염세

염쉐
염세

넘소
염소

넘소
염소

염소
염쇠

옘소

염소

염생이
염소

얌생이
염생이
염소

염생이
염소

맴소
염생이

얌새이
염생이
염소

맴소
맴생이
염생이

염쉐.염송애기

우리말 변화의 모습

• 염(15~17세기)

• 염쇼(16~19세기)

• 염소(19세기~현재)

'염소'는 고집불통이어서 데리고 다니기가 힘들다. 특히 물이 흐르는 도랑을 건널 때는 한참이나 실랑이를 해야 한다. 농가에서 오랫동안 길러왔던 수염 긴 하얀 염소가 요즘은 어쩐 일인지 모두 검정색으로 변해 있다. '염소'는 솟과(牛)의 동물, 뿔은 속이 비고 뒤로 굽었는데 수컷은 턱 밑에 긴 수염이 있다. 몸빛은 품종에 따라 갈색, 흰색, 검은색 따위의 여러 가지이다.

동북방언, 제주도에서는 '염쉐'라고 하고 서북방언에서는 '념소', 중부방언에서 '염소', '옘소'라 한다. 그리고 충청도와 남부방언에 널리 '염생이'가 분포하고 있다. 또 동남방언에서는 '얌생이', 서남방언에서 '맴소'를 볼 수 있다. 이 말들의 생성과 변화과정은 어떤 방식이었을까?

1 염소, 염쉐, 념소

'염소'는 소와 비슷한 동물로 몸집은 작지만 수컷은 턱 밑에 긴 수염이 있다. 이 '염소'는 '염+소'로 이루어진 말인데, '소'와 관련이 있음을 쉽게 짐작할 수 있다.

그래서 '염소'는 '소'의 앞에 한자어 '염(髯 수염)'이 붙은 말로 보아 '염(수염)+소'로 볼 수 있을 듯하다. 하지만 옛말 '염(15세기)'만으로 '염소'를 뜻하는 말이 오래 사용되었으므로 신중해야 한다. 참고로 표준말 '수염'은 '수(鬚 수염 수)+염(髯 수염 염)'으로 '수염'이 두 번 반복된 말이다.

평안도의 '넴소'는 '염소'가 두음법칙으로 변하기 전의 모습으로 짐작된다. 과연 옛말 '염'의 이전형이 '넴'이었을지는 확실치 않으나 평안도 말이 두음법칙이 늦게까지 유지된 점을 보면 그럴 가능성이 충분하다.

함경도, 제주도의 '염쉐'는 이 지방에서 주로 '소'를 '쉐'라고 부르기 때문에 '염소'를 당연히 '염쇠>염쉐'라고 부른 것이다.

② 염생이, 얌생이, 얌새이

충청도와 남부지방에 널리 분포하고 있는 '염생이'는 '염+생이'로 '-생이'는 앞의 '강생이(강아지)'에서 보았듯이 '어리다'는 뜻의 접미사이다. 경상도의 '얌생이'는 '염생이'의 변화형이다.(염생이>얌생이)

'염소'의 가장 오랜 옛말은 '염'이었기 때문에 '염'만으로도 '염소'를 가리키는 말이었다. 그래서 '염생이'는 '염소+앵이'라기 보다는 그냥 '염(염소)'에 접미사 '-생이'가 결합한 말로 볼 수 있는 것이다. 그런데 '-생이'는 원래 '강생이(강아지)' 말고는 '염생이', '망생이(말)', '괴생이(고양이)'는 꼭 '작다', '어리다'는 뜻이 아니고 보통의 '염소', '말', '고양이'를 칭하는 말이다.

제주도의 '염송애기'는 '송아지(소+ㅇ+아지)'처럼 ㅇ이 첨가된 말이다.(염소+ㅇ+애기)

③ 맴소

서남방언의 '맴소'와 '맴생이'는 '염소'와 '염생이'의 '염' 대신에 '맴'이 대신하여 들어갔는데, 아마 '맴+소'의 '맴'은 염소의 '매앰-맴'하는 울음소리를 본따서 '맴소', '맴생이'라고 불렀던 것 같다.

'맴생이'는 '맴소'의 '맴'과 '염생이'의 '생이'가 합한 모습으로 볼 수도 있을 것 같다.

전라도에서는 '몀소'라고도 하는데 그 모습이 흥미롭다. '염소'가 '맴소'의 영향을 받아 만들어진 말로 생각된다.

어린 신랑

옛날에 참 각시는 나이 많고 신랑은 나이 쪼매(작아) 애리서(어려서) 각시 만날 정지(부엌) 불로 땐께, 정지 불 땐께네, 만날 부숙(아궁이) 앞에 나앉아 쌓거든. 춥다고 불 쪼은(쬔)다고 나앉아 싼께네, 부작대기로(부지껭이를) 가(가지고) 마, 이망빼기로(이마를) 탁 썰 줘(때려 줘) 버렸어. 이망빼기가 마 터져 삣어. 그래 주구매는(제 엄마는) 어데 가고 없고. 그래 방아 쫓아디가(들어가) 이불을 푹 둘러 씌고 누우 가 있는 기라 그래 주구매가 와 가, 이불을 이리 드불치(들어) 본께네, 이, 이망빼기(이마)가 터졌거던.

"야, 야야, 이망빼기가 와 터졌노?" 이리 쿤께네,

"염생이(염소) 메이로(먹이러) 가 염생이(염소)가 뒷발질로 탁 해 고마…" 그래도 신랑이라고….

염생이(염소) 메이로 가 갖고 염생이가 뒷발질로 탁 해서, 그래 터졌다고. 그마침(그만큼) 마누래로 섬어. 그래도….[웃음]

진주시 명석면 설화

52. 오솔길

오솔질

오솔질

샛길
소래길
오록길

샛길
소래길
오록길

샛길.소로낄

오솔길
산질

소리찔
소로낄

소리찔

소리찔

소리찔
소랫길

산찔
소리찔

소리찔

산찔
소리찔

소리찔

한적한 '오솔길'을 혼자 무슨 생각이고 하며 걷다 보면 시간과 거리의 개념이 없어진다. 자동차보다 더 빨리 목적지에 도달한 것을 보고 놀랄 때가 있다. 예전의 오솔길은 다 어디로 간 것일까?

'오솔길'은 산이나 숲 따위에 난 폭이 좁은 호젓한 길을 말하는데, 지역에 따라 전국적으로 가장 많이 사용되는 말은 '소리찔'이다. 그리고 평안도와 황해도의 '샛길', 전라도의 '산찔' 외에 함경도, 강원도에서는 '오솔질'이라고 한다. 이들의 생성과정과 유래는 어떠했을까?

1 오솔길, 오솔질

표준어 '오솔길'은 대체로 '외솔길>오솔길'로 보고 있다. '외'는 '외따로' 또는 '홀로(單)'라는 의미이고, '솔(細)'은 '가느다랗다'는 뜻으로 보아, 여기에 '길(路)'이 합하여진 '외따로 있는 좁은 길' 정도로 해석할 수 있다.

함경도의 '오솔질'은 '길>질'로 구개음화한 모습이다.

2 소리찔

남한 거의 전역에서 '오솔길'을 '소리찔'이라고 부르는 것을 볼 수 있다.

'소리찔'은 '소로'와 '길'(소로+길)이 합하여진 말인데, '소로길>소리길>소리찔'로 변해왔을 것이다. '소로길(小路)'은 '대로길(大路)'에 상대

되는 말로 '작고 좁은 길'을 말한다. 이것은 '오솔길'을 표준어로 '소로(小路)'라고도 하는 데서 쉽게 찾아낼 수 있다.

황해도, 경기도의 '소로길'은 구개음화 이전의 모습이다.

결국 '소리찔(소로길)'은 '로(路)'와 '길(路)'이 두 번 겹친 말이다.

▌3 산찔

전라도, 강원도의 '산찔'은 '산(山)+길'에서 왔을 것이다. 주로 오솔길은 주로 '산에 나 있는 길'이고, 산에 난 길은 역시 대체로는 좁은 길이니, '오솔길'과 '산찔(산길)'은 원래는 전혀 다른 말뿌리일지라도 내용상으로 일치하는 것을 알 수 있다.

'산길>산질'로 흔히 볼 수 있는 구개음화한 말이다.

▌4 샛길

평안도, 황해도 등에서는 '샛길'을 '오솔길'의 의미로 사용되고 있다. 표준어 '샛길(사이에 난 길, 작은 길)'과 '오솔길(폭이 좁은 호젓한 길)'은 원래는 다른 말인데, '샛길' 역시 대체로는 '좁고 꾸불꾸불'하여 '오솔길'과 같은 의미가 될 수 있어서 지역민들은 이렇게 불렀을 것이다.

원수 갚으려는 구렁이 새끼

잔등재로 해서도 댕기고 산찔(오솔길)로도 해서도 댕기고 그랬든 것입니다. 서당에 댕기면서. 포수가 한나(하나) 있는디 이른 봄에 구렝이 굴이 인자 머시기 가다 본께 있어서

"에이 요것 남시(때문에) 내가 오늘 재수를 못 봤다." 하고는 총으로 쏴서 죽여 부렀어라우.

가서는 인자 그 달부터 애기가 들어 태가가(태기가) 들어서 애기를 낳는디 인자 쌍둥이를 낳드라우. 잘 큰디, 산찔(오솔길)로 핵교(학교)를, 옛날 서당에를 보낸디 그 애기들이 인제 커서.

"우리 아부지 어무니 죽에 부러 놓고, 그라제 갚어야제. 보를(원수를) 안 갚으것냐?"

"언마 없으면(얼마 있지 않으면) 우리가 인자 보를 갚은다잉(보복을 한다)?" 그 소리를 듣고 난께 저이(정이) 뚝 떨어지덩이라우. 총을 인자 불박어 갖고(탄환을 장전하여 가지고) 밥 묵은디 쏴 부렀드라우. 쏴분께는 인자 꾸렝이(구렁이)가 둘이 아주 쭉 뻗으러지드라우.

그래서 모민(모면)을 하고 살었다요.

해남군 삼산면 설화

53. 오줌

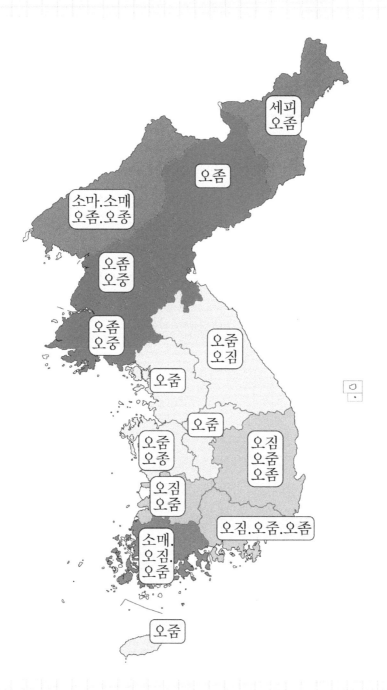

세피
오좀

오좀

소마.소매
오좀.오종

오좀
오중

오좀
오중

오줌
오짐

오줌

오줌

오줌
오종

오짐
오줌
오좀

오
짐
오
줌

오짐.오줌.오좀

소매.
오
짐
오줌

오줌

우리말 변화의 모습
• 겨근믈(15~17세기)
• 오좀(15~19세기)
• 소마(17세기)
• 겨근소마(18세기)
• 오줌(15세기~현재)

'언 발에 오줌 누기'란 속담이 있다. 무슨 문제를 근본적으로 해결하기보다 눈가림식 임시방편으로 그 순간을 피해 넘어가려는 태도를 말한다. 지금은 '오줌'을 버리고 멀리하지만 예전에는 농작물에 소중한 거름 역할을 하고, 더러 오줌 삭힌 물을 신경통에 듣는 약으로 사용하는 등 함부로 대하지 않았다.

'오줌'은 다른 표준어로 '소변(小便)', '소피(所避)'라고도 한다. 전국적으로 '오줌'이 약간 변형된 '오짐', '오좀' 등으로 사용되고, 기타 색다른 형태는 전라도와 평안도의 '소매'와 함경도의 '세피'가 있을 뿐이다. 이들의 원래 의미는 어떠했을까?

1 오줌, 오좀, 오짐

'오줌'은 일찍이 옛말 '겨근믈(15세기)', '오좀, 오줌(15세기)', '소마(17세기)', '겨근소마(18세기)' 등으로 문헌에 나타난다.

'오줌'을 '소변'이라고도 하는데, '소변(小便)'은 '대변'에 비하여 '작다'와 '편하다(便 변)'는 말이 합하여 '작고 편안한 것(행위)'라는 뜻으로 '오줌'를 말하는 완곡한 표현이다.

'오줌-앞(前)', '똥-뒤(後)'라는 어원 풀이도 있으나 명확한 근거를 찾을 수는 없다.

'오좀' 형태도 전국적으로 많은 지역에서 쓰이는데, 오랜 옛말 '오좀

(15세기)'이 그대로 이어져 온 것을 알 수 있다. '오짐', '오종'은 변이형이다.

2 소매, 소마

전라도, 평안도에서는 '오줌'을 '소마', '소매[소:매]'라고 한다. 여기서 '소매'는 원래의 모습이 많이 변하여서 그 뿌리를 자세히 알지 않고는 쉽게 이해가 가질 않을 것이다.

중세국어에서는 '대변(大便, 똥)'은 '큰물'이라고 하고, '소변(小便, 오줌)'은 '져근물'이라고 하였다. 이때 '물'은 '똥', '배설물(똥오줌)'을 말하는 것이었다. 그래서 '소매'는 옛말 '소(小 져근, 작은)+물(똥)'이 변한 것으로 본다. '큰말'에 대응하는 '*소물'이란 말은 '작은 똥'이라는 의미로 쓰였을 것 같다.

그래서 '소매'는 '소+물'이 '*소물>소마>소매'로 변해 온 것으로 보이며, '소매'는 '소(小)+물(배설물)'로 한자어+순우리말이고, 표준어 '소변(小便)'은 한자어+한자어인 셈이다.

평안도의 '소마'는 '오줌'을 말하는 오랜 옛말이(17세기) 변형 없이 그대로 사용되어 온 말임을 알 수 있다. 표준어에도 '소마'가 '오줌의 완곡한 표현'이라고 실려 있다.

그리고 '오줌이나 똥이 나오려고 하는 느낌'을 표준어로 '마렵다'라고 하는데, 일부 방언권에서는 이것을 '매럽다', '매랍다'라고 한다. '마렵다', '매랍다'는 '물(대소변, 똥오줌)'이 나오려고 하는 상태를 말하고, 이 '물'에 접미사 '-압'이 합하여 '물압다>마랍다>매랍다'로 변한 모습이다.

3 세피

함경북도의 '세피'는 표준어 '소피(所避)'와 관련이 있는 말이다. '소피(所 장소 소, 避 피할 피)'는 표준국어대사전에도 실려 있는데 '소변'과 같은 표현, 즉 '오줌을 완곡하게 부르는 말'이라고 풀이되어 있다. '소피>쇠피>세피'의 모습으로 변해 왔을 것이다.

이도령과 낭자

옛날 철종 때 서울 판서 황정승이라던가, 본실에서 난 딸을 죽일라고 계모가 "요것이 요런 죄악을 지었으니, 그러니께 없애부려야지." 머슴을 시켜서 궤짝이다 달어가지고는, "짊어지고 가서 저기 한강 강에다가 갖다 버려 부려라."<중략>

궤짝 쪽 떠들고, "차마 내가 물을(물에) 당신을 띠울 수 없어. 당신을 모르게 살려줄 것인께. 편히 가 사시오." 그런께 남자 의복 차리고 그려갖고 얻어묵음시로 해남 윤가들 사는 디까지 왔어.<중략>

한 일 년 동안 그러고 선생질을 허고 있어. 그 처녀가. 아 그 주인 아그가 (보니까) 그 이튿날 <u>소매(오줌)</u> 보는 뒷(변소)이 안 있더라구. 서서 오줌 눈 법이 없고. 통 선생님이 <u>소매(오줌)</u> 본 일이 없어. 수상혀. 근게 여자라는 것은 편 판명이 되부렸단 말여.

(결국은) 아 인자 주인 며느리가 되지.

화순군 한천면 설화

54. 옥수수

당쉬. 옥쉬. 강내
옥수끼. 가내수끼

당쉬. 강내이
옥시. 개수끼

강냉이
강낭

강냉이

강내이
강남이

옥시기
옥시끼
옥수수

옥수수
강내이

옥수꾸
옥수수

옥수께이
옥수수

강낭수께. 강낭
강내이. 옥수꾸

깡내이
옥수시

강낭세끼
강내이
옥수수

깡냉이
옥소시

강낭대죽
강낭대축

막 쪄서 꺼내 온 김이 모락모락 오르는 찰옥수수를 소쿠리에 담아 놓고 단란한 가족이 함께 오손도손 둘러앉아 경쟁하듯 먹어 대던 그런 기간은 어느 집에서고 그렇게 길지 않다. 머지않아 아이들은 자라 금방 부모의 곁을 떠나버리기 때문이다.

'강냉이', '옥수수'는 둘 다 표준어로 등재되어 있는데, 지도에서 보듯 전국적으로 '강냉이' 형태가 가장 널리 분포하고 있는 것을 알 수 있다. 그 밖에 동북방언에서는 '당쉬', 동남방언에서는 '강낭수께', '강낭세끼', 제주도의 '강낭대죽', 서남방언에서 '깡내이' 등이 눈에 띈다. 이 말들은 원래 어디에서 시작된 말일까?

■1 옥수수, 옥수꾸, 옥시기, 옥수께이

표준어 '옥수수'는 옛말 '옥슈슈(17세기)'로서, 중국어 '玉蜀黍(옥촉서)(玉 구슬 옥, 蜀 나라이름 촉, 黍 기장 서)'가 들어오던 당시의 한자어 발음이 [옥슈슈]였던 것으로 보고 있다. 그 의미는 '촉나라의 슈슈(기장, 5穀의 하나)'이고, '옥슈슈>옥수수'로 변해왔을 것이다. 그리고 '옥수꾸', '옥시기(끼)' 등은 어중 '옥수수'와 ㅅ-ㄱ 교체를 보인 모습인데 전국에 두루 분포되어 있다.

2 강냉이, 깡냉이

표준어 '강냉이'는 '옥수수의 열매'가 강조된 말이다. '강냉이'의 이전형은 '강낭이(19세기)'로 비교적 최근에 나타난 말이다. 그런데 이 '강낭이'는 한자어 '강남(江南)'에서 왔다는 뜻이다. 대체로 '강남(江南)'은 중국의 양쯔강(揚子江) 이남의 강서성과 절강성 지역을 말하는데, 이 '강남'에 식물이나 동물 명칭의 접미사 '-이'가 결합한 말이다.

그래서 '*강남이>강낭이(19세기)>강냉이(20세기)'의 변화를 생각해 볼 수 있는 것이다. '*강남이'는 실제 문헌에서 확인되지 않지만, '강남콩(강남에서 온 콩)'을 보면 그 변화를 충분히 유추하여 볼 듯하다. 문헌에 '강남콩(16세기)>강낭콩(20세기)'의 변화를 확인해 볼 수 있기 때문이다.

그렇다면 '강냉이'는 '강남에서 온 식물(강남이>강낭이)'이 '옥수수'로 의미가 굳어진(의미 축소) 말이다. '강낭이>강냉이'는 ㅣ모음역행동화 때문인데 표준발음으로 인정되지 않는다.

그리고 굳이 구분하자면 표준어 '옥수수'는 옥수수의 '나무줄기', '열매' 두 가지를 말하고 '강냉이'는 '옥수수의 열매'만을 일컫는다.

3 당쉬

함경도에서 사용하는 '당쉬'는 '당(唐)나라 수수'라는 의미로 '당수수'가 '당수수>당수쉬>당쉬'로 변한 말이다. 이것은 마치 '고추'를 '당나라 가지'라고 생각하여 '댕가지(<당가지)'라 부르는 것과 같다. 함경도의 '옥쉬'는 '옥수수>옥수쉬>옥쉬'의 변화일 것이다.

4 강낭수께, 강낭세끼, 강낭대죽

경상도의 '강낭수께', '강낭세끼'는 '강낭이'와 '옥수끼' 사이에서 '강낭-'과 '-수끼'만을 취하여 만들어진 혼태형이라고 볼 수 있다. 앞에서 보았던 '옥수꾸', '옥시끼'는 어중 ㄱ을 가진 '옥수수'의 변이형인데, '수끼',

'수꾸', '세끼' 등을 취하여 '강낭수끼', '강낭세끼' 등의 모습이 나타나게 된 것이다. 역시 함경북도의 '옥수끼', '가내수끼'도 비슷한 과정을 거친 말이다.

　　제주도의 '강낭대죽'은 '강낭'과 제주도에서 '수수'를 뜻하는 '대죽(대죽)'이 합하여서 '강낭대죽'으로 합성어가 되었다.

현장 구술 담화: 경상북도편

박문수와 바꿔치기 혼인 소동

　　큰 고을의 이진사라 카는 양반이 하나 있는데, 한 집에는 딸 놓고 한 집에는 아들 낳았는데 그래 둘이 사우 할라 카고, 매느리 볼라 카고 관계, 김진사하고 사돈 언자 결(結)로 딱 맺아 놨네.

　　그러구로 있다가 이진사가 죽고 난끼네(나니까), 살림은 고마 지직(遲遲)하이 고마 없어지고, 이 진사 아들은 말하자면, 아무거도 없이 자라고, 넘우 집(남의 집)을 살기 되는 기라. 그 동네 살아 본께네, 아 물(먹을) 것도 없고 김진사 저 집에 한테 약혼은 해 놨는데 넘 비끼(보기) 안 됐다고 산골짜에 올라가서 밭을 쫏사가꼬(만들어) 산막에 가서 감자를 하나 <u>강낭세끼(옥수수)</u>를 쪼깨(조금) 먹고 그래 사는 모양이라. <u>강낭세끼(옥수수)</u> 밥을 무니까나 많은 모친이 빙(病)을 한다 말이다.<중략> "결론이라 카는 거는 딱 하 놓으면, 다시 죽어도 그 집 귀신 살아도 그 집 귀신인데 네 딸은 이 사람하고 혼인 행례를 지내라."

대구시 수성구 범어동 설화

55. 외양간

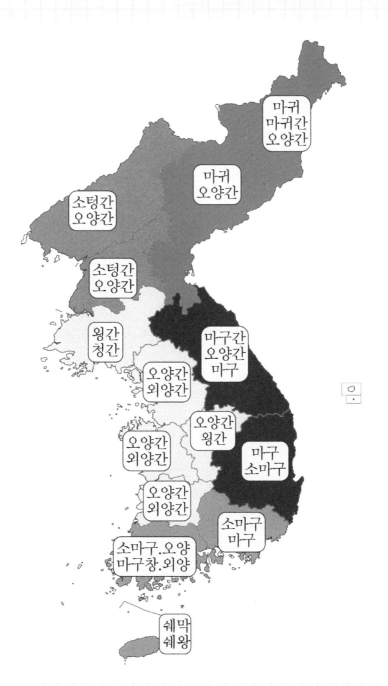

우리말 변화의 모습
- 오히양(15~16세기)
- 외양(17~20세기)
- 외양집(18세기)
- 외양깐(19세기)
- 외양간(20세기~현재)

'외양간[깐]'의 제맛은 겨울철이었다. '외양간' 안쪽에 놓인 가마솥에 볏짚, 고구맛대(고구마의 마른 줄기), 등겨 등을 가득 넣고 소의 여물을 오래도록 삶아 소의 구유에 김이 모락모락 나는 여물을 퍼 주고 소가 먹는 것을 지켜보는 일, 아련한 추억이 되었다.

표준어 '외양간'은 마소를 기르는 곳으로 '외양', '우사(牛舍)'라고도 한다. 전국적으로 '외양간[깐]', '오양간'이 가장 널리 사용되고 있으며, 함경도에서는 '마귀', 평안도에서는 '소텅간[깐]', 강원도, 경상도, 전라도에서는 '마구', '소마구'가 눈에 띈다. 제주에서는 '쉐막', '쉐왕'이라 한다. 이러한 말들은 어떻게 생겨났을까?

1 외양간, 오양간, 욍간[깐]

표준어 '외양간'의 옛말 '오히양(15세기, 馬廄)'은 '소와 말을 기르는 곳'이라는 의미로 문헌에 나타난다. '오희양(16세기)'을 거쳐 '외양(17세기)'으로 오늘에 이르렀다. 이러한 변화를 보면 19세기 이전에는 '외양'만으로 소나 말을 기르는 '외양간'의 의미를 지녔던 것을 생각하면 '외양간'은 '간(間)'이 두 번 중첩된 말이다.

'오히양', '외양'의 어원은 분명하지 않다. 다만 '키우다'의 제주방언은 '오양ᄒᆞ다'인데 이를 통해서 '소나 말을 기르다'는 의미를 지닌 말과 관련이 있음을 짐작할 수 있을 뿐이다. 경기도, 충청도에서는 '오양간'이 '외>

오'로 단모음화한 모습이 자리잡고 있다.

황해도, 충청도의 '윙간'은 '외양간'의 축약형이다.

2 마귀, 마구, 소마구, 마구간

지도에서 보듯 함경도에서 '마귀'와 강원도, 경상도, 전라도의 '마구-' 형을 볼 수 있는데, '마구(마귀)'는 원래 말을 기르는 '마방(馬房)'을 뜻하는 '마구간(馬廐間)'에서 온 말이다. '마구(馬 말 마, 廐 마굿간 구)'는 차츰 '소'와 '말'을 구분하지 않고, '외양간'의 의미로 사용되어 왔다. 또 '마구'는 '소(牛)'와도 자연스럽게 합성하여 '소마구'로 나타난다. 또 '마구창'이란 말도 있다.

3 소텅간

평안도의 '소텅간[소텅깐]'은 '소+텅(청)+간'으로 볼 수 있는데, '텅'은 '청'으로 구개음화 되기 이전의 모습인데, 옛말 '손텅(客廳 객청, 손님 맞이하는 객사, 16세기)'에서도 볼 수 있다. 그리고 '청'은 '대청(大廳)', '관청' 등에서 볼 수 있으며 원래 '대청'은 '방과 방 사이의 마루', 또는 '건물'을 뜻하는 말인데, 지역에 따라 이 '마루'나 '건물'을 말하던 '청(廳)'이 '소청간(마굿간)'이나 '허청(허드레 물건을 넣어 두는 곳)'이라는 말로 쓰이면서 의미 변화를 겪어 왔다.

서남방언에서는 '소의 우리'를 '소마구청', '마구창(청)'이라고 하고, '돼지우리'를 '되아지울청', '헛간'을 '허청'이라고 한다.

그래서 '소텅간'은 '소를 넣어두는 건물', '외양간'을 뜻한다.

4 쉐막

제주도에서는 '쉐막', '쉐왕'이라 하는데, '쉐막'은 '쉐(소)+막'이고, '쉐왕'은 '쉐오양(쉐+오양)>쉐왕'으로 볼 수 있다. 제주도와 전라도, 북한에서는 주로 '소'를 '쉐', '쇠'라고 부른다.

현장 구술 담화: 경상남도편

곰지 이야기

소를 떡 소 인자, 도둑놈이 몰고 갈라고 있는데, 그 <u>소마구(외양간)</u> 더금(외양간의 시렁) 우에 떠억 이눔이 그서 가마이(가마니) 겉은 거를 놓고, 셋가래로(서까래를) 걸치고 이래 소 몰고 갈라고 딱 있는데, 호랭이란 놈은 또 호랭이 그늠이, 또 소, 그 제가 몰고 가서 잡아묵을라고. 두 눔이서 딱 그래 아 아가 인자 웃방에서 짜짜라하고(심하게) 울거든. 아아로 어마이가 달갠다꼬 뭐 온갖 짐승을 다 들믹이도(말해도) 아아가 그냥 안 그치고 울어. 그래 곰지가 온다 쿤께네 아악 발딱 그, 끈치(울음을 그쳐). 우는 기. 그래하자 도둑놈 저눔이 발이 빠지 가지고, 마, 호랭이 등더리 떡 업혔다 말이여. 호랭이 이놈이 곰지가 온다 쿠이 아아가 그쳤다. 아무래도 내보다 더 무서운 짐승이 있는갑다. 이눔우 도둑놈은 인자 호랭이 우(위에) 언치(얹혀) 가서 우짜든지 고만 안 널찔라고(떨어지려고) 호랭이 갈기를 볼끈 거머잡고 아랫두리로 드리 호랭이 배애지로(배를) 드리싼께네, 곰지가 들어 붙는데, 호랭이 전딜(견딜) 수가 있나? 떼 내 삐릴라고 저 지리산 산봉으로 마 들고 뛰는데, 고마 전라도 운봉으로 넘어간다.

진주시 일반성면 설화

56. 왼손잡이

왼재기
왼손재

왼재기
왼손잡이

왼재기
왼손잡이
왼손재기

왼재기
왼잽이
왼손잽이

왼재기
왼손잽이
왼손재기

왼손잽이
왼재기

왼손잽이
왼재기

왼손잽이
왼잽이

왼손잡이
왼재기

왼손잽이
왼잽이

외약손잽이
왼손잽이

왼손잽이
왼재기

외약손잽이
왼작잽이
왼손잽이

왼광이
왼갱이

'왼손잡이가 낫을 들면 산천이 운다'는 말이 있을 정도로 왼손잡이는 풀을 베는 일이나 여타의 농사일을 빈틈없이 잘한다고 어른들은 말하셨다. '왼손잡이'는 일을 할 때 주로 왼손을 쓰는 사람, 또는 오른손보다 왼손을 더 잘 쓰는 사람을 말한다.

'왼손잡이'에 관한 방언은 전국적으로 거의 비슷하다. 북한 전역에서 '왼재기'가 쓰이고, 서남방언에서 '외약손잽이', 제주도의 '왼광이'가 보이는데, 이 말을 사용하는 지역을 포함하여 전국적으로 대부분 '왼손잽이'가 사용되고 있다. '왼손잽이'와 관련된 이 말들의 원래 의미는 무엇이었을까?

1 왼손잡이, 왼손잽이

'왼손잡이'의 '-잡이'는 '무엇을 다루는 사람'이라는 뜻을 가진 접미사인데, '왼손잡이'는 '왼(왼쪽)+손+잡이'로 왼쪽 손을 주로 사용하는 사람이다.

표준어의 '왼손'에서 먼저 '왼'의 어원을 살펴보면 중세국어에서 올하니 외니(왼+이) 이시면(有是非, 옳은 것과 그른 것이 있으면)에서와 같이 '왼'은 '외다(그르다)'에서 온 말로 '그른', '잘못된'이라는 뜻을 가지고 있었다. 그래서 '왼손'은 '그른 손'을 말하는데, 다른 뜻이 아니고 다만 '오른손'에 대비하여 이름을 그렇게 붙인 것일 뿐이다.

그리고 '오른손'의 '오른'은 앞에서 본 옛말 '올ᄒᆞ니(옳+은+이=옳은 것)'라는 말에서 보듯이 '옳은(옳다)'이라는 뜻을 가진 말이다. '오른손'을 '바른손'이라고 하는 이유도 이와 관련이 있다.

'왼쪽'과 관련되는 말로 '왼새끼'라는 것이 있는데, 아이를 출산한 경우 대문에 걸어 놓은 금줄로 사용한다. 왼새끼 금줄의 역할은 무엇보다 잡인 (雜人) 출입 금지인데, 친인척일지라도 삼칠일(21일) 안에는 들어가지 못한다. 또 마을의 당산이나 서낭, 솟대 등에도 걸었으며, 절기에 성주나 칠성을 모실 때, 장독을 감을 때도 사용하였다.

2 외약손잽이

전라도에서는 '외약손잽이', '왼작잽이' 라고 하는데, 이 지역에서 '왼손'을 '외약손'이라고 한다. 역시 '왼쪽'을 '외약쪽'이라고 하기 때문이다. 그래서 '외약'은 그대로 '왼'을 말하므로 '외약손잽이'는 '왼손잽이'와 같다. 전라도의 다른 말 '왼작잽이'는 '왼(그른)+작(쪽 便)+잽이(잡이)'로 '손(手)'보다는 '쪽'을 강조한 말이다.

3 왼재기

거의 전국적으로 널리 쓰이고 있는 '왼재기'는 '왼작이(왼+작+이)>왼재기'로 변한 말로 보인다. 여기서 '작'은 역시 '쪽(方向)'을 의미할 것이다. '왼재기'에서의 '작'은 서남방언의 '왼작잽이'의 '작'과 같은 형태로 보인다. 그래서 '쪽'을 말하는 '작'이 붙은 '왼작'에 '사람'을 말하는 접미사 '-이'가 붙어 '왼작이>왼재기'로 변한 것이다.

이처럼 그냥 '-이(사람)'라는 접미사를 가진 '왼재기'와 접미사 '-잡이 (사람)'가 붙은 '왼손잽이', '왼작잽이', '외약손잽이'는 다만 접미사에 의한 구분 외에 '손(手)'의 포함 여부로 구분이 된다.

제주도에서는 '오른쪽'을 'ᄂ단쪽'이라고 하고 '왼쪽'을 '왼착'이라고 하며, '왼손잡이'는 '윈광이', '윈꽹이'라는 특이한 말을 사용한다. 그 원래의 의미도 찾기 힘들다. 다만 제주도의 '광이'가 땅을 파는 '괭이'를 말하므로 '윈광이'도 이와 관련되지 않을까 짐작할 뿐이다. 표준국어대사전에 '왼겡이'가 '왼손잡이'로 실려 있다.

현장 구술 담화: 전라남도편

기고봉 선생 딸의 열녀비

(임진왜란때) 남편이 종군 시방 같으면 인자 군인으로 나갔단 말여. 아, 일본놈들이 노략질을 하는디 제일 뺏어가는 것이 뭣이냐 허면 여자의 정조를 많이 뺏어갔단 말여. 그놈들이 아직 또 삼 년 동안을 또 7년을 여기 있었을 때 젊은 놈들이 달라든다 이말입니다. 처음에 유방에 손을 댄다 그말이여. 이 <u>외약손(윈손)</u>을 잡으면 <u>외약손(윈손)</u>을 딱 짜르고 아 그래요. 시방 같으면 입을 맞추려하니까 딱 찔러버렸어. 그래서 죽어가지고 아주 그 이 기씬디 기봉이라고 허는 이가 있는디, 그 뭣이 그 딸이예요. 기고봉 선생의 딸이란 말입니다. 절개가 유명허지. 그래서 아주 시방도 열녀비를 서 있습니다.

장성군 장성읍 설화

57. 용마름

용말기
농말기

용말기
농말기

곱새
지붕말래이

곱새
지붕말래이

용마람

용구새
용마람
곱새

용구새
용마람
곱새

용구새
용마람

용구새
용마름

용마람
용바람

용모름
용마람

용모름
용보름

용모름
용마람

지붕모로
지붕몰리

지붕의 가운데 부분에 있는 가장 높은 수평 마루를 '용마루'라고 하고, 초가집의 지붕 용마루를 덮는 'ㅅ' 자형으로 엮은 이엉을 '용마름'이라고 말한다. 그래서 지붕에 이엉을 이을 때 물이 스며들지 않도록 '용마름'은 가장 나중에 덮게 된다. 자칫 '용마루'와 '용마름'을 혼동할 수 있다.

'용마름'은 평안도에서 '곱새'라는 특이한 어형이 사용되고, 함경도의 '용말기', 중부방언의 '용구새', 남부방언의 '용모름', '용마람', '지붕모로'를 볼 수 있다. 이 말들의 유래와 변화의 모습을 알아보자.

❶ 용마름, 용모름, 용마람, 용말기, 지붕모로

표준어 '용마름'은 '초가지붕에 이는 이엉 중에서 가장 윗부분을 길게 덮는 것'으로, '용+마름'으로 볼 수 있는데 이때 '용'은 대체로 '가장 윗부분', 또는 '가장 중요한 부분'의 의미이고, 표준어 '마름'은 '이엉을 말아 놓은 단'을 말한다.

그리고 '용마름'은 '마름'의 모양이 길게 '용(龍)처럼 생겼다'고 해서 '용마람'이라고 부른다는 견해와 '가장 중요한 윗부분, 용마루를 덮는 마름'을 뜻한다는 견해가 있다.

'마름'은 대체로 이엉의 모습이 짚을 엮어서 '말아(卷) 놓은 상태'를 본따서 지은 이름이라고 말한다. 그래서 '지붕의 맨 꼭대기의 덮개(이엉)'인 '용마름'이라는 합성어까지 만들어지게 된 것으로 볼 수 있다. 전라도, 경상도의 '용마람'은 '용마름'의 변화형인데, 역시 표준어 '마름(이엉)'을

'마람'이라고 하기 때문이다.

'용모름' 역시 '용마름'의 변이형이라 볼 수 있다.

제주도의 '지붕모로'는 '지붕에 얹는 마름(모로)'으로 풀이할 수 있을 것 같다.

② 곱새

평안도, 경기도, 강원도에 두루 분포하고 있는 '곱새'의 '새'와 관련된 옛말 '새집'은 '초가집'을 말하였다. 만리교(萬里橋)ㅅ 西ㅅ녀긔 흔 새지비(새집+이)로소니(만리교 서쪽에 한 채의 초가집이니)(두시언해, 15세기) 이때 '새'는 볏과 식물을 통틀어 이르는 말, '띠', 억새' 따위를 말한다.

그래서 '곱새'는 '곱은 새'라는 의미로 보인다. '곱은 새'란 '굽어 있는 풀(새)'를 말하는데, 지붕 맨 위 용마름의 이엉은 ㅅ 자로 굽어 있어야 양쪽의 이엉을 덮을 수 있기 때문에 이런 용마름의 모양을 '곱새'라고 불렀던 것 같다.

또 북한에서는 돌담 위를 덮는 이엉도 '곱새'라고 하고, 용마름 모양으로 세운 초막을 일컫는 '곱새막'이라는 말도 있다.

③ 용구새

강원도, 경기도, 충청도에서는 '용구새'라고 하는데, '용마루'의 '용'과 '새'가 합하여진, '용의새(용+의+새)>용구새'의 변형으로 보인다. 이와 같은 ㄱ첨가는 여타 방언권에서 볼 수 있는 '너의집>느구집'에서 볼 수 있다.

혹은 '용'과 위의 '곱새'가 합하여 '용곱새>용굽새>용구새'로 변한 것으로 볼 수도 있다. 이 경우 '용구새'는 '맨 위의 굽은 새(풀)', 또는 '용 모양의 굽은 새(풀)'를 말할 것이다.

덕다리 흉가에서 복 주운 사나이

그전이 한 사람이 조실부모하구 고생고생 참 남우 집이서 돌아다니메 고용살이하구 그러던 사람이, 생각해 보니께 한심하거던. 돈 백 냥 있는 거 룩 털어놓구 점을 했어.

"너 박판서 집을 찾아가야 너 살지, 박판서 집 안 찾아 가문 너 죽는다."<중략>

그 비를 좀 피할 거 걸어. 그 밑구녕이 들어 가서 살펴보니께 나무를 갖다가 이렇게 삼바리 해 놓구서 예다가 신체(시체)를 갖다 얹어논 거여. 그 옹고새 (-용마름)를 푹 덮구서는 늘(널)을 갖다 예다 놓구. 그 <u>용구새(용마름)</u>를 떠들구서는 그 늘(널) 우이 가서 이렇게 엎드려 있으니께 그 늘 속이서 무슨 소리가 들려. 그래 일어나서는 <u>용구새(용마름)</u>를 벅겨 재끼구서는 보니께는 샥씨(새악시)가 하나 둘어뉘(드러누워) 있단 말여. 그래서 인저 끄내서는 두루처 업구서는 인가를 찾아 내려 온 기란 말여.<중략>

아, 가보니께 은금이 수북혀. 그 워티칼 수 있어. 글루 데리구 와서 살림을 시켜주구해서 그냥 잘 살았어.

대덕군 신탄진읍 설화

58. 우물

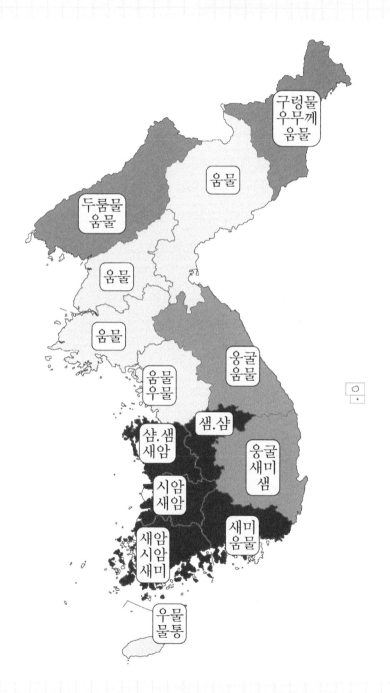

구렁물
우무께
움물

움물

두룸물
움물

움물

움물

웅굴
움물

움물
우물

샘.샴

샴.샘
새암

웅굴
새미
샘

시암
새암

새미
움물

새암
시암
새미

우물
물통

우리의 전통 마을에는 지역마다 공동 '우물'이란 게 있었다. 마을의 하루는 아침 우물가에서부터 시작한다고 해도 과언이 아닐 정도로 이곳에서는 어제 하루 동안 마을에서 일어난 모든 이야기가, 또 마을의 모든 대소사가 전달되는 중요한 생활의 중심지였던 것이다.

표준어 '우물'은 물을 긷기 위하여 땅을 파서 지하수를 괴게 한 곳, 또는 그런 시설을 말한다. '우물'은 함경도의 '구렁물', 평안도의 '두룸물'을 제외하고 전국적으로 '움물', '웅글'이 가장 널리 분포하고, 충청도와 전라도에서 '샘', '새암', '시암', '샴', '새미'라고 불린다. 이들은 어떤 의미로 생겨났을까?

① 우물, 움물

표준어 '우물'의 옛말 '우믈'은 중세국어(15세기)부터 나타나고, 차츰 ㅁ이 중철 표기된 '움믈'(17세기)과, '믈>물'로 원순모음화를 거친 '우물(17세기)'로 바뀐다.

'우물'은 '움+물'로 보는 견해가 우세한데, '움'은 중세국어부터(15세기) 나타나는 말로 원래의 뜻은 '땅을 파고 겨울에 화초나 채소를 넣어 두는 곳'을 말한다. 따라서 '우물'은 '움물>우물'로 '깊이 파인 곳에 고여 있는 물' 정도로 해석할 수 있을 것이다.

이와 같은 '움'은 '움막', '움집' 등에서도 볼 수 있는 말이다.

② 샘, 새암, 시암, 샴, 새미

충청도, 전라도의 '새암', '샴'은 표준어 '샘'과 관련되어 살펴볼 필요가 있다. 표준어 '샘'은 '물이 땅에서 솟아 나오는 곳, 또는 그 물'을 말하여 원래 '깊이 고여 있는 물'을 말하는 '우물'과는 차이가 있는 말이었는데, 서남방언에서는 '우물'과 '샘'을 통칭하여 '새암', '시암' 등으로 부른다.

'샘'은 대체로 '물이 새다(漏)'의 명사형으로 보아 '새어 나오는 물'로 보는 견해가 설득력이 있어 보인다. '샘'의 옛말 '심'은 15세기 문헌에서부터 나타나 오래 사용되었고, 19세기에는 '시암', '새암' 등이 보인다. 이것은 마치 '뱀(蛇)'이 '비암', '배암'으로 나타나는 모습과 같다. '샴'은 '시암'의 축약형이다.

③ 웅굴

강원도, 경상도의 '웅굴'은 '우물'에 ㄱ이 첨가된 모습으로 '우물>움굴>웅굴'의 과정을 거쳤을 것이다. 이와 같은 ㄱ첨가는 지역방언의 '바위>바우>바구' 등에서 확인할 수 있다.

④ 구렁물, 두룸물

함경북도의 '구렁물'은 '구렁+물'인데, '구렁(굴헝>구렁)'은 움푹하게 파인 땅을 말하므로 '구렁물'은 '움물'과 같은 뜻으로 '깊이 파여 있는 우물'을 의미한다.

평안도의 '두룸물'은 '두레+우물'로 된 말이다. '두레'는 '물을 떠 올리는 도구'인데 이 지역에서는 '두레박'을 '두룸박'이라고 하여 '두레우물'도 '두룸우물>두룸물'이라고 한 것이다. 엄밀히 말하면 원래 의미는 '두룸물'은 '두레박으로 물을 긷는 깊은 우물'을 말한다.

억울한 죽음

그 버드나무, 수양버드나무가 있는데, 버드나무 밑에서 <u>웅굴(우물)</u>이 있는데, <u>웅굴(우물)</u>에 물을 이래 바가지로 탁 떠서 담는데, 버들잎이 자꾸 떨어져요. 버들잎사구(버들잎)가 떨어지는데, 구멍을 폭 뚫어서 내리 떨구고, 떨구고 그런단 말이야. 쳐다보니 까치가 그놈을 뜯어 가지고서는, 구멍을 뚫어서 물동에다 넣었단 말이야.

그 색시 아버지가 글이 좋은데, 이제 그 관가에 가서 그런 말을 상소했단 말이야.

"예, 저는 해석했읍니다. 버들 유(柳)자(字), 버들잎사구니 버들 <u>유</u>자구요. 구녕(구멍)이 뚫렸으니 구녕 공(孔)자, 잎이니 잎사구엽이 <u>공엽</u>, 내리 족치니 아니나 다를까 뭐, 그렇다고 할 건 사실이 아닙니까?"

그 <u>유공엽</u>이가 말하자면 사형을 받게 됐는데, 그 애는 그래도 색시하고 한번 관계도 못하고 그만 조약(약혼)만 했다가, 자기가 적어서 책 사이에 넣었기 때문에 남의 목숨만 하나 희생을 당한 거지요. 그런 일이 다 있더래요.

영월군 영월읍 설화

59. 이엉

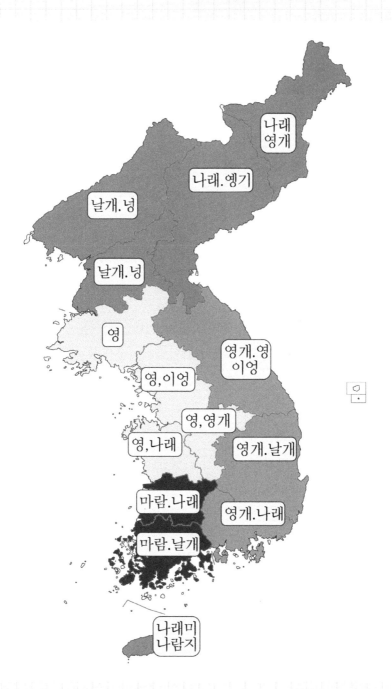

나래
영개

나래.영기

날개.넝

날개.넝

영

영,이엉

영개.영
이엉

영,영개

영,나래

영개.날개

마람.나래

영개.나래

마람.날개

나래미
나람지

'이엉'은 초가집의 지붕이나 담을 이기 위하여 짚이나 새(풀) 따위로 엮은 물건으로 '이엉초'라고도 한다.

북한 전역과 남부방언에서 '나래', '날개'라고 하는 점은 흥미롭다. 중부방언에서 '영', '이엉'이라고 하고, 주로 동남방언, 강원도에서 '영개', 서남방언에서 '마람'이라고 한다. 이들 말이 생겨난 원래 의미는 무엇이었을까?

1 이엉, 영

중부방언의 '영'은 '이엉'의 준말로 볼 수 있다. '이엉'은 옛말 '니영(18세기)'을 이어 온 말인데, 지붕을 '이다(엇다)'는 말을 예전에는 두음법칙이 적용되지 않는 '니다'라고 했으므로 '니영'은 '니+엉(접미사)'으로 이루어진 말이다.

그래서 '이엉', '영'은 '니영>이엉>영'의 모습이고, 평안도의 '녕'은 '니영>녕>녕'으로 단모음화한 형태임을 알 수 있다.

2 나래, 날개, 나래미

'이엉'을 말하는 옛말은 '니영' 말고도 '놀애'가 있었다. '놀애(15세기)'는 문헌상으로도 오히려 '니영(18세기)'보다 오랜 말이다.

그래서 함경도와 주로 남부방언의 '나래'는 옛말 '놀애(15세기)'를 그대로 이어받은 가장 고형을 유지하고 있는 말이다. 두푼 놀애는 터러글 가

줄비시고 셔는 쌔를 가줄비시니(덮은 이엉은 털에 비유하시고 서까래는 뼈에 비유하시니)(법화경언해, 15세기)

그리고 평안도, 전라도, 경상도에서는 '날개'라고 하는데, 오히려 옛말 'ᄂᆞᆯ애'보다 더 이전의 형태가 '*늘개'였을 것이라고 보는 학자들의 견해를 따른다면 '*늘개'를 그대로 물려받은 가장 고어 형태라고 할 수 있다(늘 개>날개).

'나래', '날개'는 지붕에 이는 '이엉'이 마치 새의 '날개처럼 펼쳐진 모습'이라는 의미로 보인다.

제주의 'ᄂᆞ래미(나래미)', 'ᄂᆞ람지(나람지)'는 유일하게 옛말 'ᄂᆞᆯ애'의 아래아를 유지하고 있는 모습이다.

3 영개

경상도와 강원도, 함경도에서는 '영개'라고 하는 말을 많이 사용하는데, 이는 '이엉'의 줄임말 '영'에 '날개'의 '-개'가 합하여진 혼태어로 보인다. 이러한 지역에서는 이전부터 '이엉(영)'과 '날개'가 동시에 함께 사용되었을 것이기 때문이다.

4 마람

전라도의 '마람'은 대체로 앞의 '용마람'에서 보았듯이 원래 '이엉'의 '말아 있는 모습(卷)'을 본따서 지은 이름으로 보고 있다.

실제 표준국어대사전에도 '마름'을 '이엉을 엮어서 말아 놓은 단'으로 풀이하고 있다.(말+음)

이 지역에서 함께 사용되는 '나람'은 '마람>나람'의 모습으로 보이는데, '날개'와 '마람'이 서로 영향을 주고받아 생겨난 섞임말로 볼 수도 있다.

힘 겨루기

충청도이(에) 근력이 센 사램이 있는디, 전라도에 저걸이 근력 센 사람이 있다구 그러거든?

"에 이거 내가 좀 찾어가 볼 게라." 구. 중이(스님의) 복색을 허구서 중이 행동을 헤서 전라도를 네러가 보닝깨, 근력 센 사람이 <u>나래(이엉)</u>를 엮더랴아? 나래를 엮더니, 이 사램이 가서, 충청도 근력 센 사람이 가서 요만한 회차리(회초리) 단장(짧은 지팡이)을 직구(짚고) 갔어.

"소승 문안드립니다아." 하구서, 마당이 앉어서 <u>나래(이엉)</u> 엮는 주인에게. 아, 회차리(지팡이)를 이러어케 들구 마당이다 '쏘-옥' 찔렀어어? 아, 쥔(주인)이 엮으머 보닝깨, '저 녀석이 나 시험허러 온 녀섹이구나아.' 나래를 엮다가서 한참 엮어서 뚤뚤 말어서 놓구서는 땅이다 '콕' 글팍으닝깨 <u>나랫짚(이엉)</u>이 땅이가 '쏙' 들어갔어. 저 사람은 <u>나래치(이엉)</u>를 땅 속이루 들어가는 사람은 근력이나 기술이 그게 지가 못 당하겄어어, 그러구 왔다는 이런 얘기가 있어.

보령군 오천면 설화

60. 입술

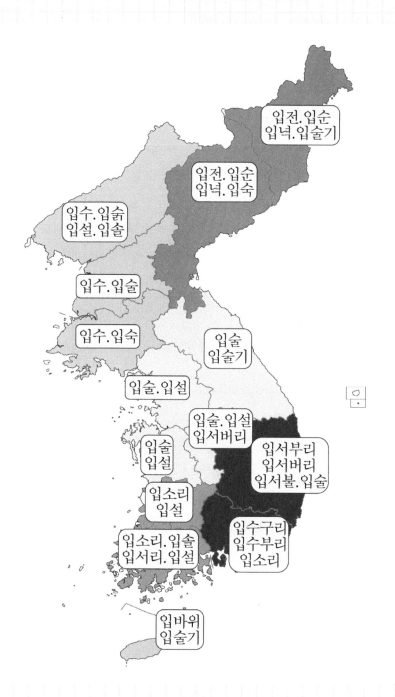

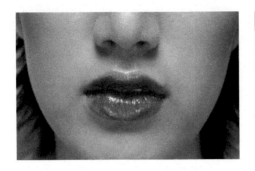

우리말 변화의 모습
- 입시울(15~18세기)
- 입슈얼(17~18세기)
- 입시욹(17~20세기)
- 입슐, 입슓(20세기)
- 입술(20세기~현재)

'입술'은 포유류만 가지고 있는데, 아마 음식이 흘러내리지 않게 하기 위해서 진화라 보기도 한다. 그러나 친화의 표현, 말이나 소리로 인한 의사소통 수단 등은 이보다 더 중요한 입술의 필요성일지도 모른다.

'입술'은 함경도에서 '입전', '입녁'이라 하고, 평안도와 황해도에서 '입수'라고 한다. 경기도와 충청도에서 '입술', '입설', 전라도에서 '입소리'를 볼 수 있으며, 경상도에서 '입서부리', '입수구리', 제주도의 '입바위'를 볼 수 있다. 이들의 원래 의미와 변화를 보자.

1 입술, 입소리

표준어 '입술'의 오랜 말은 '입시울(15세기)'이었다. 이것은 '입+시울'로 '시울'은 '눈시울'에서도 볼 수 있는데, '약간 굽거나 휜 부분의 가장자리'로 흔히 '눈이나 입의 언저리'를 이를 때에 쓴다고 나와 있다.

그래서 '눈시울'은 그대로 '시울' 원형을 유지하고 있는 모습이고 '입시울'은 '입시울>입슐>입술'의 변화를 겪어 온 말이다. '활의 시위'도 원래는 '활시울(15세기)'이었다.

'입소리', '입서리'는 '입시울'에 접미사 '-이'가 합하여진 말로 볼 수 있다. '입시우리(입시울+이)'가 '입소리', '입서리'로 변화한 것을 예상해 볼 수 있다.

2 입서부리, 입수구리

경상도의 '입서부리', '입수구리'의 모습을 보면, 옛말 '입시울(15세기)'은 그 이전형이 '*입시블'이 아니었을까 생각된다. 그래서 표준어에서는 '*입시블>입시볼>입시울>입술'의 변화를 보였고, 동남방언에서는 ㅂ을 그대로 유지하며 접미사 '-이'가 붙은 '*입시블이(입시불+이)'가 '입서부리'로 변한 것을 예상해 볼 수 있을 것 같다. 주로 경남에 분포하는 '입수구리'는 '입수부리>입수구리'의 ㅂ>ㄱ교체라 보인다.

3 입수, 입바위

평안도의 '입수'는 옛말 '입술'에서 ㄹ이 탈락한 모습으로 보이는데, 실제 평안도, 황해도 지역의 '입숙', '입슭' 등을 보면 옛말 '입시욹(17세기)'이 '입시욹>입슭>입숙>입수'로 변해 오지 않았을까 생각된다.

제주도에서는 '입바위'라 하는데 제주도의 '바위'는 '가장자리'를 뜻하므로, '입바위'는 '입술의 가장자리'이니, '입시울(입가의 둥그런 가장자리)'와 통하는 말이다.

4 입전

함경도에서는 '입전', '입녁', '입순' 등으로 부른다. 먼저 '입녁'의 '녁'은 의존명사로서 '방향'을 가리키는 '쪽'과 같은 말이다. 그래서 '입녁'은 '입의 근처'를 말하여 '입술'을 가리키게 된 것이라 보인다.

'입전'은 '입+전'으로 표준어 '전'은 '물건의 위쪽 가장자리가 조금 넓적하게 된 부분'을 말한다. 표준어에 '솥전'이란 말도 있는데, '솥(鼎)몸의 바깥 중턱에 납작하게 둘러 댄 전, 솥을 들거나 걸 때 쓴다'고 풀이되어 있다. 그래서 '입전'은 '입의 가장자리'를 말한다.

'입순'은 '입술'을 말하는 한자어 '구순(口脣)'의 '순(脣 입술 순)'에 이끌려 변한 말로 보인다.

뱀의 정기를 타고난 허적(許積)

한 서당에서 인제 그 서당분들이 모두 인제 에에 참 같이 공부를 하는데 그 다락에서 말여 큰 뱀이 나려와. 참 뱀이 와가지고서 이렇게 들르라는군. 그래 (허적이) 그 뱀. 그 칼을 가지고 있다가 칼로 콱 찔렀다 말이지. 그러니까 탁 풀고서 올라갔다 그거여. 그런데 손에 점이 하나 거시기하드래. 그래 그 (허)미수가.

"에 당최 그 저 범방(犯房 여자와 잠자리) 말라."고 말이여. 그래도 뭐 이 사람은 참 그 저 건방진 사람이란 말여. 그래서 그 뭐 범방을 하구 뭐 그 점이 없어졌는데, 그 허적이가 나아가지구서 장안을 말을 타구서 막 달리는데, 허미수 눈에는 <u>입서버리(입술)</u>가 널름널름 비암(뱀)마냥으루 말이야. <u>입서버리(입술)</u>가 널름널름하구 타구 다니더라는 거여. 그래가지고 인제 허미수가 다 허적이 하고 같은 지친(知親 친한 사이)이지만 아주 본을 달리했다고 하잖어?(멀리하게 되었다) 그런 애기가 있어.

영동군 용산면 설화

61. 장인

가시아부지
가새비

가시아바이
가스애비

가시아바니
가새비

가시아바지

가시아바지
가시아바이

장인.장인어른
가시아바이

장인.자인

병장님
쟁인

병장님
쟁인

자인.빈장
병장어런

빈장님
쟁인

자인.쟁인
가시아부지

빈장님
쟁인.자인

장인

'장인(丈人)'은 아내의 아버지를 이르는 말인데, 다른 표준어로 '가시 아버지', '악옹(岳翁)', '처부(妻父)'라고도 한다. 그리고 '빙장(聘 예를 갖추어 부를 빙, 丈 어른 장)', '빙모(聘母)'는 '다른 사람의 장인, 장모'를 부를 때 사용하는 말이라고 한다.

북한 전역에서는 지금도 '가시아바지', '가시아바니'라는 말을 사용한다. 남한에서는 주로 '장인(자인)'과 '빈장(병장)님'을 두루 사용하는 것을 볼 수 있다. 이 말들이 생겨난 유래를 살펴보자.

1 장인, 자인

'장인'은 한자어 '장인(丈人)'에서 온 말인데, '장(丈)'은 '어른'이므로 '장인' 역시 원래 단순히 '어른'이라는 뜻이 그대로 '장인'을 뜻하는 말로 굳어진 말이다. '장가(丈家)가다'는 말도 '장인의 집에 가다'는 뜻이다.

'자인'은 '장인>자인'으로 받침 ㅇ이 탈락하며 변한 말이고, '쟁인'은 '장인(丈人)'이 ㅣ모음역행동화를 겪은 말이다.

2 병장님, 빈장님

표준어 '빙장'은 대체로 '다른 사람의 장인(丈人)을 이르는 말'로 풀이되어 있다. '빙장'은 '빙(聘 예의를 갖추어 부르다)+장(丈 어른 장)'이다.

그런데 '빙장'이라고 부르는 지역에서는 굳이 남의 장인과 나의 장인을 구분하지 않고 함께 사용하고 있다.

그리고 '병장'은 과도교정이 된 형태로 보인다. 말하자면 '병(질병)'을 '빙'이라고 잘못 발음하듯이 '빙장'은 '병장'을 잘못 말한 것으로 착각하고 '병장'이라고 고쳐 부른 탓이다.

김유정의 소설『봄봄』에도 '빙장' 어른과의 갈등이 해학적으로 묘사되어 나오는 것을 볼 수 있다.

3 가시아바지, 가시아바니, 가시아바이

주로 북한 전역에 분포하는 '가시아바지', '가시아바니'는 '아내의 아버지(장인)'이다. 이것은 '장인'을 말하는 옛말 '가싀아비(19세기)'를 그대로 이어 온 말로, '갓+의+아비' 또는 '가시'+'아비'인데, '갓', '가시'는 원래 '여자', '아내'라는 뜻이고 여기에 '아비'가 합성된 말이다. '가시아바지', '가시아바니'는 '가싀아비'의 '아비'가 '아버지', '아바니'로 대체되어 온 것이다.

그런데 '가싀아비'란 말은 비교적 문헌에 늦게 나타나는 말이었지만(19세기), '장모'를 뜻하는 '가싀엄'이라는 말이 16세기에 이미 있었던 점으로 보아 '가싀아비'도 일찍부터 사용되었을 것이라 짐작할 수 있다. 현대표준국어대사전에는 '가시아비'는 장인을 낮잡아 보는 말로 실려 있다.

그리고 현대표준말에 '가시버시(부부)'라는 말이 있고, 방언으로 '가시내(계집)'라는 말이 있는데, 여기서 볼 수 있는 '가시' 역시 '아내', '여자'와 관련된 말임을 알 수 있다.

지혜로운 평양 감사

"아 빙장(장인)어른 밤새 안녕하십니까?"

"야야 내가 망아지를 잃어 버렸다." "허어 그렇게 눈이 두 눈이 쏙 들어 갔읍니다 그려. 근디 빙장(장인)어른, 우리 아버니 때에 망아지 한 마리를 사서 물 건너 박서방을 주었는디 그 망아지가 장성을 힜읍니다(자랐습니다). 그리서 그 망아지를 인자 박서방이 가져왔는디, 내가 타고 대닐 수도 업고 근디 색이 틀려서 그렇지 망아지는 아조 빙장(장인)어른 망아지허고 성질이나 걸음발이나 똑같은 것입니다."

"그리야. 그먼 좀 가져와 봐라." 떡 가져 왔단 말여. 헌게 그 망아지는 밤새 쥔을 못 봤다가 쥔을 보닌게 반가와서 네굽을 침서 '위우우웅'헌단 말여. 그러닌게, "아 이 망아지가 어찌 나를 보고 알은 치(아는 척) 헌다." "예 망아지라는 것은 사램이 가지고 놀던 짐승이라놔서 사람을 보먼 이렇게 반가워헙니다."

"아 그러믄 한 번 타 보끄나?" 아 타고 걸려보는 배 참 망아지가 성질 좋지, 발걸음 좋지, 참 좋단 말여. 그렇게 부자형지간에도 주어야 좋다고 혀. 사우가 그 망아지를 하나 갖다 준게는 그때 살고 또 살먼 강진원이고 살고 또 살먼 평양감사드라고, 평양감사 자리가 비었어. 근게 사우를 딱 부르더니,

"너 원이 뭐냐?" "아 나 공부도 벨시럽게 못허고 지가 평양감사나 힜으먼 좋겠읍니다." "아 그먼 평양감사 자리가 지금 비었은게 어서 가거라."

정읍시 옹동면 설화

62. 절구

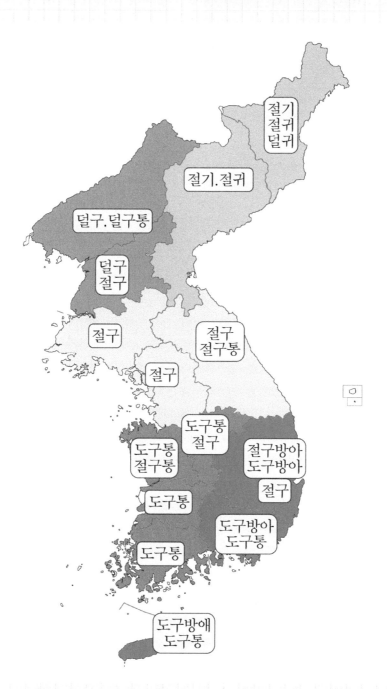

절기
절귀
덜귀

절기.절귀

덜구.덜구통

덜구
절구

절구

절구
절구통

절구

도구통
절구

도구통
절구통

절구방아
도구방아

도구통

절구

도구방아
도구통

도구통

도구방애
도구통

명절의 흥취는 '절구'의 공이 소리에서 나온다. '절구'는 곡식을 빻거나 찧으며 떡을 치기도 하는 기구. 통나무나 돌, 쇠 따위를 속이 우묵하게 만들어 곡식 따위를 넣고 절굿공이로 빻거나 찧는 농경사회의 소중한 살림 도구이다.

'절구'를 북한에서는 '절기', '뎔구' 등으로 부른다. 주로 남부방언에서 '도구통'이라고 하는데, 경상도, 제주에서는 '절구방아', '도구방아'라는 말도 사용한다. 이들의 원 의미는 무엇이었을까?

1 절구, 절기, 덜구

'절구'의 옛말은 지금과 거의 비슷한 형태인 '졀구', '졀고(18세기)'였다. 이 '절구'는 원래 한자어 '저구(杵臼)'가 변해 온 말로 보고 있다. '저(杵 방망이, 공이)+구(臼 절구)'로 볼 수 있는데, 공이로 곡식 등을 찧는 도구(통)를 뜻한다.

평안도의 '덜구'는 '절구'로 구개음화가 되기 이전의 모습이다. '정거장'을 '덩거당'이라고 하는 것과 같다.

그래서 '절구'의 원래 모습은 '덜구'였던 것으로 추정되며 '절구통'은 엄밀하게 말하면 '통'의 의미가 두 번 합해진 동의중복어인 셈인데, 아마 '절굿공이'와 선명하게 대비시키기 위하여 '통'을 붙인 것이라 여겨진다.

2 도구통

남한 거의 전역에 두루 펼쳐져 있는 '도구통'은 한자어 '도구(搗臼)'에서 온 말로 '搗(찧을 도)'와 '臼(절구 구)'로 이루어진 말이다. 그래서 '도구통'은 이 '도구'에 '통'이 더해진 합성어이다.

여타 방언권에서 대체로 '돌(石)'을 '독'이라고 했으니 '독팍(돌팍)', '독떼미(돌더미)'라는 말처럼 '도구통'도 '독의통(독+의+통)>도구통'으로 변한 것으로 생각할 수도 있지만 나무로 만든 것도 '도구통'이라고 했으니 그럴 가능성은 크지 않다.

흔히 방언으로 알고 있는 '도구'라는 말도 '절구'와 같은 뜻이라고 표준국어대사전에 실려 있다. 그리고 '돌을 파내어 만든 작고 낮은 절구'를 표준어로 '돌확'이라고 한다.

3 절구방아, 도구방아

경상도와 제주도의 '절구방아', '도구방아'는 '절구+방아', '도구+방아'로 이루어진 합성어이다. 둘 다 '절구'를 곡식을 찧는 기구인 '방아'로 인식하고 지은 이름일 것이다.

사귀(邪鬼)가 된 엽전독

그래서 인저 참 그 노파할머니 말씀대루 고개를 넘어서는 떡 네러가 보닝 개 차암 큰 대와(大瓦)가 대갓집이 있는디. 대문을 '탁타악' 뚜디리니. 대답이 없어. 그래 하안참 주인을 찾어서 모기소리처럼, 여자가 문을 열어요. 여는디 참 츠녀가 나오더라 이겁니다. 큰 츠년(처녀)디,

"우리집이는, 오늘 저녁이는 내가 죽어요. 내가 죽으니 손님 재우능 것이 문제가 아니라 내가 죽으닝깨 손님 못하겄읍니다."

"좋시다. 조닝개. 도구통(절구) 잇소? 집이." "있입니다."

"도구통(절구)은 가지고 바이루 갖오쇼." 옛날 그 나뭇대기 도구통(절구) 말여. 예. 그눔으루 인저 등 대구 누워 있능거여. 이릏기. 그라구서는 츠녀보 구서는, "당신은 가 자오."<중략>

아, 그런디 웬 일잉가 베락치는 소리가 나거던?

"다 왔느냐아." 하구서 말여. 그런디 옛날 참 과거문이 뭐 베, 뭣이 하데끼 말여. 막 아마, 응? 참 우뚝 우뚝한 눔덜이 쑥 나 나타나거던? "이거 마저 잡어 다 죽이야 된다." 그래 인제 자기는 인제 득구 있능 기여. 그래 우루루 턱 들어 오더니 츠녀를 목을 잡을라구 하더라 이기여. 그래 인제 도구통(절구)을 들 구서 그눔얼 쎄렸어.

"야, 안 되겄다. 다 물러가자." 그런디 거기서 이 사람한티 고하능 기여.

"이 집이 금단지가 열두 개가 묻혔는디, 워디 워디 있이니 그걸 캐쇼."

공주시 이인면 설화

63. 진달래

천지꽃
텐지꽃

천지꽃
진달뤼

진달래

진달래
진달루

진달래

참꽃
진달래

진달래
참꽃

참꽃
진달래

창꽃

진달래
참꽃

참꽃
진달래

창꽃
진달래

참꽃
진달래

진달래
신달뤼

이른 봄 햇살 가득한 날 '진달래꽃'을 따러 동네 아이들과 앞뒤 야산에 즐겨 오르곤 했었다. 배가 고프던 시절, 새금한 맛이 나는 '진달래꽃'은 부드럽고 언제든지 손 닿는 것이면 입가가 붉어지도록 따 먹으며 꽃가지를 한 웅큼 쥐고 내려오곤 했다.

'진달래'는 그대로 '진달래꽃'을 가리킨다. 진달랫과의 낙엽 활엽 관목으로 3~4월에 분홍색 꽃이 잎보다 먼저 가지 끝에 핀다. 주로 산간 양지에서 자라는데 한국, 일본, 중국, 몽골 등지에 분포한다. 다른 표준어로 '두견화'라고 한다.

함경도에서는 특이하게도 '천지꽃'이라고 부른다. 그리고 전국적으로 '진달래'를 그대로 사용하고, 남한 전역에서는 '참꽃'이라고 한다. 이 말들의 유래를 살펴보자.

1 진달래

표준어 '진달래'의 옛말은 '진돌욋곳(15세기)', '진돌위(16세기)', '진돌릐(17세기)' 등인데 대체로 이를 '진(眞)+달외(들꽃)'로 보아, '참다운 들꽃'이라는 뜻으로 볼 수 있다.

북한의 '진달뤼', '진달루'는 옛말 '진돌외'의 변이형으로 보인다.

2 참꽃, 창꽃

남한 전역에서 사용되는 말은 '참꽃(창꽃)'이다. '진달래'를 '진(眞)+달래'라고 보았을 때, '진(眞)'과 '참꽃'의 '참'은 같은 의미로 보인다. '참'은 서남방언의 '참츼(먹기 좋은 츼)'이나 표준어 '참옻', '참깨'처럼 '참다운', '좋은'이라는 뜻이다.

'참꽃'과 대비되는 남한 대부분의 방언권에서 쓰이는 '개꽃'은 '철쭉'을 말한다. 연분홍의 '참꽃(진달래)'이 지고 나면 이제 본격적으로 '개꽃(철쭉)'이 진하게 피어나는데, '개꽃'은 먹을 수가 없고 꽃술이 끈적끈적하여 손으로 만지기도 거북스럽다.

표준어 '철쭉'의 옛말은 '텩튝', '텰듁', '철쥭' 등을 볼 수 있는데, 한자어 '정촉(躑躅)'에서 온 말일 가능성이 크다고 한다.

3 천지꽃

함경도의 '천지꽃', '텬지꽃'은 백두산의 '천지(天池)'와 '꽃'이 합해진 것으로 보이는 말이다. 함경도가 고향인 분들은 지금도 '천지꽃'에 대한 향수가 강하고 이 말을 잊지 못한다고 한다.

'텬지꽃'은 구개음화 되기 전의 모습으로 '천지꽃'보다 더 오랜 말이라 볼 수 있다.

삼 형제와 어머니의 현몽

그래 마 여자한테만 저 남자가 미쳐 가지고 마 도저히 본처의 아아(아이)를 안 볼라 쿠는 기라. 여자가 하는 말이, 남자로 보고,

"그러 말고, 오늘을 바구리(바구니)로 하내 하나썩(한 사람당 하나씩) 들리 가지고 뒷 동산에다가 꽃을 따러, <u>참꽃(진달래)</u>을 따러 보내먼, 포수를 보내 가지고 고마 서리로 총살해 쥑이삐머(죽여버리면) 우리가 안 좋겠나?"

"오늘 너 바구리 세 개를 줄 낀께 <u>참꽃(진달래)</u> 한 바구니씩 따가 오이라."

한 바구(바위) 밑에, 비가 와서 바구 밑에 가서 서이가(셋이) 딱 엎디이 있는 기라. 생이가 밤중 된께 꿈을 꾼께네,

"저 고개로(고개를) 쪼깨만(조금만) 넘어오먼 내 무덤인데….."

저거 엄마라. 엄마가 꿈에 선몽(현몽 現夢)을 댄 기라.

"너거가 이 지비에 한 집에 이렇기 있지 말고 질로(길로) 나서라. 어데든지 나서라. 어데든지 나서먼, 아무 어데 거어(거기) 가먼 바구 밑에 가먼 꽹상(꽹과리)이 하나 있니라."

"꽹상 그 놈은 큰놈이 들어라. 큰놈이 들고, 또 그 왼쪽편에 가먼, 또 바우로 하나 들시먼 개우 작대기(꼬부랑작대기)가 하나 있니라." "그거는 둘채놈이 들어라." 쿠거덩.

"제일 막내 이놈은 뭐로 드냐하먼, 그 밑에 가먼 투구가 있일 낀데 투구로 하나 쓰라."<중략> (꽹상 든 놈에게)호랑이가 마 대드는 기라, 자묵을라꼬(잡아 먹으려고). 꽹상 이놈을 그마 세기 뚜드리 젯힌께네, 호래이가 그마 물에 말키(모두) 널쩌가(떨어져) 죽는 기라. 또 개우작대기 짚은 놈은 도둑놈, 개우작대기 갖고 모가지로 말키 끌어댕긴께 나무에 코가 끼가 죽는 기라.

그래 투구 씬 놈은 도둑놈 잡았다꼬 한 마을에 들어가서 장개(장가)를 들어가 잘 사는 기라.

진주시 수곡면 설화

64. 키

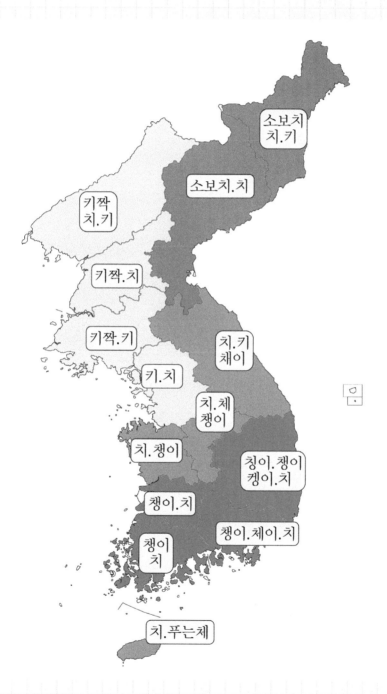

소보치
치. 키

소보치. 치

키짝
치. 키

키짝. 치

키짝. 키

치. 키
채이

키. 치

치. 체
챙이

치. 챙이

칭이. 챙이
켕이. 치

챙이. 치

챙이. 체이. 치

챙이
치

치. 푸는체

오줌싸개 아이의 머리에 '키'를 씌우고, 같은 마을 타성(他姓) 집에 보내 밥풀 묻은 주걱으로 뺨을 때려주면 습관이 고쳐진다고 해서 나도 그런 일을 겪고 거짓말처럼 습관이 고쳐졌던 생생한 기억이 있다. '키'는 곡식 따위를 까불러 쭉정이나 티끌을 골라내는 도구인데, 키버들이나 대를 납작하게 쪼개어 앞은 넓고 평평하게, 뒤는 좁고 우긋하게 엮어 만든다. 적당한 분량의 곡식을 까부르면 쭉정이는 앞으로 날라가고 알갱이만 뒤쪽에 남는 방식으로 곡식을 골라낸다.

'키'는 함경도에서 특이하게 '소보치'라고 하고, 평안도, 황해도에서는 '키짝'이라고 한다. 중부방언에서는 '키', '치'라고 하고 남쪽으로 갈수록 대체로 '칭이', '챙이'라고 한다. 이들의 원래 의미와 변화를 살펴보자.

■ 1 키, 키짝

우선 표준어 '키'는 훈민정음에 지금과 같은 모습인 '키(15세기)'의 형태로 등장하여 지금까지 변함없이 이어져 온 모습이다.

'키'는 원래 한자어 '箕(곡식 까부를 기, 키)'에서 온 말로 보이며 '곡식을 까부르는 데 쓰는 도구', '쓰레받기'를 말한다.

평안도, 황해도의 '키짝'은 '키+짝'으로 볼 수 있는데, 이 '짝'은 '괘짝', '문짝'이나 경상도 방언 '삽짝(사립문)'에서 볼 수 있듯이 일정한 틀을 갖춘 모양을 말한다.

2 치, 챙이, 칭이

'치'는 ㄱ구개음화를 겪은 '키>치' 모습으로 평안도, 황해도, 경기도를 제외한 전국에서 사용되고 있는 형태이다.

그런데 표준어 '키'는 현재 사람의 '키(身長)'와 같은 동음이의어 형태이지만 중세국어에서는 둘이 다른 모습이었다. 즉 사람의 키는 당시 '킈(15세기)'로 표기되었고, 곡식을 까부르는 농기구의 키는 '키(15세기)'였기 때문에 농기구 '키'는 '치(키>치)', '칭이' 등으로 쉽게 구개음화를 겪었지만, 사람의 '킈'는 아직까지 '킈>키'로 남아 있는 것이다.

제주도의 '푸는체'에는 '푸다(까부르다)'는 말이 앞에 설명되어 붙은 말이다.

'챙이', '칭이'는 경상도와 전라도 일부 지역에서 사용되는 형태인데, '키>치'에 '-앵이(접미사)'가 첨가된 모습이다. 즉 '-앵이'는 도구를 의미하는 접미사로 '호맹이(호미+앵이)', '꼼빼이(고삐+앵이)' 등에서 쉽게 찾아볼 수 있다.

3 소보치

함경도에서는 '키'를 '소보치'라고 한다. 원래 '소보치'는 이 지역 '삼태기(畚 삼태기 분)'의 방언으로도 쓰인다. 아마 '삼태기'와 모양이 비슷하게 생긴 '키'를 구분 없이 '소보치'라는 말로 사용한 듯하다. 표준어에도 '키'와 '삼태기'를 아울러 이르는 말로 '기분(箕 키 기, 畚 삼태기 분)'이란 말이 있다.

또 함북 북부지역에서는 '보치'라는 말이 있는데 이는 '곡식을 바람에 날릴 때 사용하는 도구'이다. '소보치'는 '소+보치'로 이루어진 말로 생각되는데, 이 지역에서 '소보치'는 소(牛)의 먹거리를 담아 줄 때 사용한다고 한다.

시집살이 노래

시집왔는// 삼일만에

어머님// 하신말쌈

친정생각// 절로난데

삽작걸에// 저대사는

달은밝아// 명랑한데

대청마리// 누웠으니

친정생각// 절로나네

달도밝다// 달도밝다

친정곳에// 가고지라

시어머니// 그노래를듣고

어지왔던// 새미늘아

무슨노래// 하고있노

달은밝아// 명랑한데

우리딸이// 흡사하다

뒷동산에// 밀밭매러

아리왔던// 새미늘아

조선팔도// 다댕기만

같은사람// 쌨읍니다

올키형님// 나오민서

<u>칭이(키)</u>주까// 빗자리주까

빗자리도// 내사싫고

빗자리도// 내사싫고

<u>칭이(키)</u>도// 내사싫소

가자// 캤읍니다

저분주소// 저분주소

친정곳에// 동냥가세

친정곳에// 동냥가니

대청에// 내리시는

성주군 초전면 민요

65. 풀무

풍구
풍기

풍그
풍기

풍구
풍구채

풍구

풍구

풍구
풀무

풀무
풍구

풀무.불무

풀무
불무
풍구

불매.불미
풀미.풀매

불무.풍구

불매.불미
풍노.개불미

불무.불모
풍노.붐무

불미

어릴 때 땔감이 부족하여 잘 타지 않는 나무로 밥을 할 때 어김없이 기대 이상의 효과를 내는 '풀무'를 유용하게 사용한 기억이 생생하다.

'풀무'는 불을 피울 때에 바람을 일으키는 기구인데 '골풀무(발풀무)'와 '손풀무' 두 가지가 있다.

전국적으로 '풍구'라는 말이 가장 널리 사용되고 있다. 남한에서는 중부 지역에서 '풀무'라고 하고, 남부방언에서 '불무', '불매', '불미'라고 한다. 이 말들은 원래 어떤 의미로 생겨났을까?

⬛ 풀무, 불무, 불매, 불미

현대 표준어 '풀무'의 옛말인 '불무'는 15세기 문헌에서부터 나타난다. 17세기에는 '플무'로 바뀌고 18세기부터는 '풀무'가 정착되면서 현재에 이른 것이다. '플무>풀무'는 '플>풀(草)'에서 보듯이 순음(脣音) 아래의 ㅡ모음이 ㅜ원순화되는 국어사의 일반적인 음운변화 모습이다.

중세국어의 '불무'는 근대국어에 와서 '풀무'로 바뀌는데, 경상도와 전라도, 충청도, 제주도에서 아직 거센소리로 바뀌지 않은 중세국어와 같은 '불무', '불매', '불미'를 사용함으로써 고어(古語) 형태가 그대로 남아 있는 것을 볼 수 있다.

이 '불무'는 '불+무'로서 '불(火)'과 '무'의 합성어인데, '무'는 옛말 '불을 피우다'는 뜻을 가진 '무희다(15세기)', '무의다(18세기)'는 말에서 왔다. 그래서 '불무'는 '불을 피우다', '불을 일으키다'는 뜻을 가진 말이라 볼 수 있을 것 같다. '불매', '불미'는 '불무'의 변화형이다.

'풀무'는 대체로 아궁이에 불을 붙일 때와 대장간에서 쇠를 벌겋게 달굴 때 사용하는데, 아궁이에 바람을 불어 넣는 '불무(풀무)'는 작은 소쿠리만 한 크기로 손잡이를 돌려서 바람을 일으키면 신기하게 불이 잘 붙는다. 대장간에서 사용하는 '풀무'는 크기나 모양새가 크고 다르다.

2 풍구

'풍구'는 '풀무'의 의미로 거의 전국적으로 두루 사용하는 말이다. '풍구(風 바람 풍, 具 설비 구)'는 한자어로서 '바람을 이용하는 도구'라는 뜻을 가진 말이다.

표준어 '풍구'는 두 가지 뜻이 있는데, 하나는 '불을 피울 때에 바람을 일으키는 기구'이고, 또 하나는 '곡물에 섞인 쭉정이, 겨, 먼지 따위를 날려버리는 농기구'를 말한다. 여기에서는 첫 번째의 바람을 일으키는 기구를 말한다.

경상도, 전라도에서는 '풍노'가 보이는데, 이는 표준어 '풍로(風 바람 풍, 爐 화로 로)'를 말하는 '화로의 하나'로 아래쪽에 바람구멍을 내어 불이 잘 붙게 하는 화로를 말한다. 그래서 '풍노'를 사용하는 지역에서는 이러한 '풍로'의 특성을 본따서 '풀무'의 의미로 사용한 듯하다.

지렁이와 접한 처녀(가마솥이 생긴 유래)

<전략> 그래 참 그날 저녁에 한 열두 시나 되인까(되니까) 또 그 소년 청년이 와서 누우서 자고 그래 새북(새벽)에 닭 울때 되이 일나가 문악에 나가는데 뒤 두루막에다 바늘로 딱 꼽아놓고 이래 날이 샜는데. 그래 부모들이 그 실을 따라가지고 가이까 그 어문천문덤이, 지리이(지렁이) 바우라 커는 데 그 바우(바위) 밑에 간께네 지리이가 똑 짚단만한 기 바우 밑에 떡 눕었는데, 껍디이다(껍데기에) 바늘이 꼽혔다 말이라. 그래가 그것을 알고, 그래 인자 재삼 마실(마을)에 들어와,

"이걸 어떻기 해야 저 지리이를 잡나?" 커이,

"그래 그 지리이를 잡을라 커마 이 곳에 솔뿌리를 해야 딘다. 쇠를 녹카야 된다. 쇠를 녹쿨 때에, 쇠를 녹쿨라 카먼(녹이려 하면) 방걸이 큰 통을 맨들어 그 새를, 무쇠를 다 잡아 옇어가주고 불매(풀무)로 디리 불어가지고 그 쇠를 녹쿠는데, 새 녹쿨 때에 동민이 올라 가기주고 그늠을 잡아가지고 쇠에다 쥑이자."

그래가주고 인자 그 지리이를, 쇠를 솔불로 채리가주고 인자 솔뿌리를 채리가주고 인자 쇠를 녹쿠는데 그래 동민이 올라가서 지리이를 잡아 왔어. 잡아 가주고 와 그래 쇠에다 녹하가(녹여서) 태아(태워) 쥑있다 말이라.

대구시 수성구 설화

66. 학질

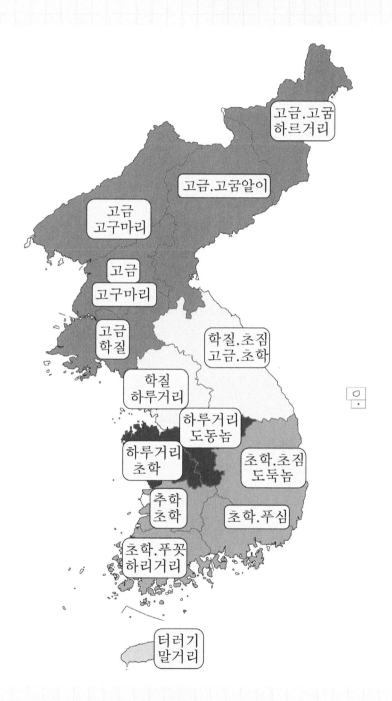

바로 우리보다 한두 세대 이전의 어르신들은 지금의 코로나19보다 더 위협적이고 공포스런 전염병인 '학질', '천연두'의 시달려 왔다. 그러나 앞으로도 이들 질병 못지 않은 것들이 또다시 우리를 위협할 것이다.

'학질'은 말라리아 병원충을 가진 학질모기에게 물려서 감염되는 법정전염병으로 갑자기 고열이 나며 설사와 구토·발작을 일으키고 비장이 부으면서 빈혈 증상을 보인다. 흔히 '말라리아'라고 말하는데 증상은 매일, 하루걸러, 이틀걸러 나타나는 특징이 있다.

'학질'은 북한 전역에서 '고금', '고구마리'라고 하였고, 남부지역에서는 거의 전 지역에서 '초학', '하루거리', '하리거리'라고 했다. 제주도에서는 '터러기'라는 특이한 말이 있다. 이러한 말들은 애초에 어떤 의미로 만들어졌을까?

1 학질, 초학, 추학

우리 속담에 '학을 떼다'라는 말이 있다. 이는 바로 '학질(瘧 잔인할 학, 疾 질병 질)을 떼어내다'라는 말이라고 한다.

그런데 표준어에서는 '학질'을 '초학', '하루거리'라고 말하고, '초학(初瘧)'은 '처음으로 앓는 학질'이라고 풀이하고 있다.

'초학'을 서남방언에서는 '추학'이라고도 하는데 '초학>추학'의 단순한 음운변이로 볼 수 있지만, 이 병의 특성이 '추위에 떠는' 특징과 관련되어 있으므로 '추위(寒)'의 '추-'에 이끌려 '추위에 떠는 학질'이란 의미로 조어된 것으로 보인다.

❷ 하루거리

학질은 병의 증상이 고열이 나고 여름에도 추위 벌벌 떤다고 한다. 매일 열이 나는 경우도 있지만, '하루거리'처럼 '하루걸러' 열이 나고 심하게 앓기 때문에 이를 '하루거리', '하리거리'라고 불렀다. 또 학질 중에서도 '이틀거리'가 있는데 이틀을 걸러서 발작하는 질병이기 때문에 표준어로 '양일학(兩日虐)'이라고 한다.

그 밖에도 각 방언권에서 '학질'을 부르는 수많은 이름이 있었다.

❸ 고금, 터러기

북한에서는 '학질'을 '고금', '고구마리'라고 하는데, 이 말은 표준어에도 '고금'으로 실려 있으며, '한방에서 학질(瘧疾 말라리아)을 이르는 말'이라고 풀이되어 있다.

'고금'은 예부터 '학질'의 의미로 사용되어 왔는데, 가장 오랜 말은 '고봄(15세기)'이었으며 차츰 '고곰(16세기)', '고금(20세기)'으로 변화되어 왔다. '고봄-고곰'처럼 역사적으로 ㅂ-ㄱ 교체는 '빗복-빗곱(배꼽)' 등에서도 볼 수 있다. 그리고 '곰>금'의 변화는 '구룸>구름', '소곰>소금'이 된 것과 같은 변화이다.

그래서 평안도의 '고구마리'는 '고굼(고금)'과 '앓다'의 명사형 '앓이'가 합성되어서 '고금+앓이'가 '고금앓이>고금알이>고구마리'로 변한 말이다.

제주의 '터러기'는 그 뿌리를 알기 힘들다.

'학질'을 경상도, 전라도에서는 '메느리심', '메너리심'이라는 말도 사용하였다. 이것은 '며느리+심'이 변한 말인데, '며느리심'의 '심'은 '연필심', '촛불 심지'처럼 속에 박힌 물건을 말하거나, 무 따위의 뿌리 속에 섞인 질긴 줄기, 고갱이 등의 뜻을 가졌는데, 학질의 낫지 않는 속성이 이처럼 질긴 특징을 가진 것으로 생각해서 붙여진 듯하다. '메느리심(며느리심)'으로 이름을 붙인 것을 보면 당시 '며느리'라는 말에 대한 인식이 어떠했는지 엿볼 수 있을 듯하다.

현장 구술 담화: 충청남도편

남편 시험

그래서 얼어서 뒈징(죽은) 걸루 알구. 그 뒷 눔이 한닷 소리가,
"저 저 대감 <u>하루걸이(학질)</u>, <u>하루걸이(학질)</u>나 고치자."
"아이 저 거시기, 이 부랄(고환) 그 댈여 먹으먼 뭐 지빵여어(바로 낫지)."
보닝개시리 한 늠이 장두칼(큰 칼)을 쑥 빼거던? 장두칼을 들구 오더니 장두칼을 쑥 빼구서 아 이늠이 와서 불알을 덜컥 잡는단 말여. 그쩍이 그저 벌떡 일어나서는 멱둥가지(멱살)를 바짝 웅켜작구는, 그 심이 짱짱하닝깨, "흥, 요놈으 새끼덜, 잘 만났다. 뭐 대감 <u>하루걸이(학질)</u> 떠? 이눔으 자식덜. 내가 여기 두러눴을(누웠을) 적이는 내 삼대(三代) 웬수를 갚을라구 여기 오놔서 두러눴다. "좌우간, 이거 천금(千金)씩 내놀 테니 목심이나 보존해주쇼."

부여군 내산면 설화

67. 할아버지

'할아버지', '외할아버지'는 어떻게 그렇게 인자하신 모습이었을까? 아버지도 꼭 할아버지 모습으로 닮아 사시다 돌아가셨는데, 나도 아버지와 할아버지를 닮을 수 있을까?

'할아버지'는 부모의 아버지, 부모의 아버지와 한 항렬에 있는 남자를 통틀어 이르는 말이다. 할아버지를 함경도, 평안도에서 '크라바이', '크라바지'라고 부른다는 사실을 아는 남한 사람은 얼마나 될까? 남한에서는 '하라부지', '하나부지', '하라버지', '할배', '하르방' 등으로 부른다. 이들 말뿌리를 찾아가 보자.

1 할아버지, 하나부지, 하라바이, 하라버지

'할아버지'는 원래 '한+아버지' 즉 '한아버지>할아버지'로 변한 말이다. 이때 '한(大)'은 '크다'는 뜻이었다. 그래서 '할아버지(한아버지)'는 '아버지보다 큰 존재'를 말하는 것이다.

가장 오랜 옛말은 '한아비'였다. 당시에는 '아비'라는 말이 사용되었다고 해서 낮춤의 형태는 전혀 아니고 오히려 높임의 뜻을 지닌 말이라고 볼 수 있는데, 『용비어천가』에서도 왕의 할아버지를 '하나비(한아비)'라고 불렀기 때문이다. 함경도의 '하내비' 역시 '할아버지'의 옛말 '한아비(15세기)'를 유지한 말이다.

이렇듯 '하나부지', '하내비', '하나씨' 등은 '한-'을 간직한 가장 원형에 가까운 고어 형태로 볼 수 있다.

'할머니'도 역시 '한어머니>할머니'로 변한 말이다. '한아버지>할아버지', '한어머니>할머니'의 음운변화를 '활음조'라고 한다. 활음조는 '한라산[할라산]'의 유음화(자음동화)와는 다르다.

경북에서도 예전에 할아버지를 '큰아버니'로 불렀다는 기록이 있다.

2 할배

대체로 경상도에서 많이 쓰이는 '할배'는 '할아바이>할바이>할배'로 축약되어 온 말로 보인다. 다른 방언권에서 말하는 '하라바이', '할바이(할아버지)'와, '아바이(아버지)' 등을 보면 더욱 그러할 듯하다.

3 크라바이, 크라바지

북한에서는 할아버지를 '크라바이', '크라바지', '크라베'라 하는데 이유는 의미상 '할아버지'와 같은 뜻이기 때문이다. 중세국어에서부터 '한(하다)'과 '큰(크다)'은 같은 '크다(大)'는 뜻으로 할아버지는 '아버지보다 큰 존재'를 나타내므로 '크라바이(큰+아바이)', '크라바지(큰+아바지)'로 표현한 것이다.

역시 '큰아바이>크라바이', '큰아바지>클아바지'에서도 활음조가 나타난다. 북한에서 '할머니'도 '큰어마니', '클마니'로 부른다.

그리고 북한에서 '큰아버지(아버지의 형)'는 '맏아바지', '맏아바이' 등으로 부른다. 물론 최근에는 북한 젊은이들도 '클아바이'가 아닌 남한과 같이 '할아버지(祖父)'로 바꾸어 부르고, '큰아버지(伯父)'는 '아버지의 형'을 뜻한다고 한다.

4 하르방

제주도에서는 '하르버지', '하르방'이라고 하고, 평안도에서는 '하루반'

이라고 하는데, '하르방', '하루반'은 '할아범'의 변화형인 '할아범>하르밤>하르방'으로 변한 말로 보인다. '돌하르방'의 '하르방'도 이렇게 나온 말이다.

외삼촌과 평양감사

또, 하르방(할아버지)이 몰(말)은 백마였는디, 일러 부렀단(잃어 버렸단) 말이여.<중략>

(비슷한 말을 가져오니까) "어디서 난 (말)이냐?"

"아명 아명허연(어떻게 해서) 아무 놈 안티 샀노라." 니 웨손안티(외손자한테) 산 건 실이란(사실이란) 말이여.

"이놈의 거 궤약스럽다."고. "너가 내 을 들러단 아 먹었느냐?"

"예, 용돈이 없어서 들러단 아 먹었읍네다." 바로 난(말한단) 말이여. "어떻게 어떻게 허였느냐?" "먹을 멧 장을 들여서 안(갈아서) 멕여가지고 백마을 가라로 허여서 아 먹었읍네다."

그 웨손이 웨하르방(외할아버지)을 들러다가(훔쳐다가) 먹을 멧개 들여네(들여서) 멍(갈면서) 메겨네(칠해서), 먹칠허여네(먹칠해서) 놔 두니계, 놓아두니. 이슬 맞곡 비 맞곡 허여 가민 먹 벗어가민 흴 건 실(사실)이란 말이여.

제주시 노형동 설화

68. 함께

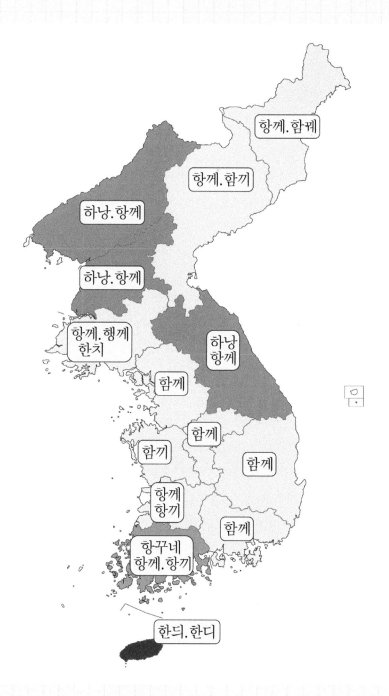

항께. 함꿰

항께. 함끼

하낭. 항께

하낭. 항께

항께. 행께
한치

하낭
항께

함께

함께

함께

함끼

항께
항끼

함께

항꾸네
항께. 항끼

함께

한듸. 한디

'함께'는 '한꺼번에 같이'. 또는 '서로 더불어'로 풀이할 수 있다.

'함께'는 평안도, 강원도의 '하낭'과 전라도의 '항꾸네', 제주도의 '한듸'를 제외하면 전국적으로 큰 변화 없이 비슷한 '항께', '함께' 형태를 사용하고 있는 것을 알 수 있다. 이들은 원래 어떤 뜻에서 시작한 말이고, 어떻게 변해 온 것일까?

1 함께, 항께

현대국어 '함께'와 관련된 옛말을 살펴보면 중세국어에 'ᄒᆞᆫ픠(15세기)'가 보이고 그 후에 '홈쯰(16세기)' 등을 볼 수 있는데, 가장 오래된 형태는 'ᄒᆞᆫ픠'이다.

이 'ᄒᆞᆫ픠'의 'ᄒᆞᆫ'은 바로 '하나(一)', '픠'는 '때(時)'를 의미하므로, 'ᄒᆞᆫ픠'는 '하나의 시간', '같은 시간(時間)'을 말하는 것이다.

'ᄒᆞᆫ픠'는 ㅂ 앞에서 'ᄒᆞᆫ'의 말음 ㄴ이 ㅁ으로 동화되어 'ᄒᆞᆫ>홈'으로 변하게 된다. 그래서 'ᄒᆞᆫ픠>함께'로 볼 수 있을 것이다. '한>함'의 모습은 '한박눈>함박눈(큰 바가지눈)', 'ᄒᆞᆫ보로>함부로'에서 볼 수 있다. '항께'는 '함께>항께'의 자음동화이다.

이처럼 '함께'는 원래 '한때', '같은 시간'을 의미하던 것이 차츰 '둘이서 더불어(同伴하여)', '한꺼번에 같이'로 바뀌어 쓰이게 된 것이다.

2 항꾸네

전라도의 '항꾸네'는 '흔쁴+에(처소격조사)'로 '흔쁴에>한끄에>항꾸네>항꾸네'로 변한 것으로 볼 수 있다.

'항꾸네' 역시 '흔쁴(時)+에'로 '하나의 시간'이라는 뜻이 '함께(동반)'의 의미로 바뀐 것이다. 그러고 보면 '항꾸네'가 '함께'보다 '한(항)'이 살아 있는 모습으로 오히려 더 고어 형태에 가깝다.

3 하낭

주로 평안도, 강원도의 '하낭'은 원래 '한결같이(줄곧)', '함께'라는 2가지 뜻을 갖고 있다. '하낭'은 원래 '하나의 모양이나 상태'의 뜻을 가진 옛말 '하냥(16세기)'이 '한양(一 한 일, 樣 모양 양)'에서 '한양>하냥>하낭'으로 변한 것으로 볼 수 있다. 즉 '하나의 모양'이 지역 방언에서 '함께'의 의미로 굳어진 것이라 보인다.

4 한디

제주도에서는 '흔듸', '한디'라는 말을 사용하는데, 이 말은 원래 '한곳', '한 데'라는 '장소'를 나타내는 옛말 '흔듸(16세기)'가 변해 온 말이라 보인다. '장소'를 가진 말이 차츰 '함께'라는 '시간 개념'의 뜻으로 의미 변화를 한 것이다.

이렇게 본다면 표준어 '함께(흔쁴)'는 원래 하나의 같은 '시간(時間)'을 말하였고, 평안도의 '하낭(하냥)'은 하나의 '모양(模樣)'을 뜻하였으며, 제주도의 '한디(흔듸)'는 같은 '장소(場所)'를 의미하던 말이었던 것인데, 이들 3가지 형태(시간, 모양, 장소)가 모두 지금의 '동반하여(함께)'라는 의미로 굳어져 흥미롭다.

도골이와 개골이

그 때 마치 나랫님(나라님, 임금)이 옥새를 잃어버리고 어떤 역적이 옥새를 감차버렸던 모냥이지요(감춰버렸던 모양이지요). 이 말이 전파가 되아가지고 서울로 올라가 가지고 오 '하시골(何시골) 사는 개골이가 천하의 영웅이란다' 이런 말을 왕이 듣고, "빨리 올려라." 나랫님이 인자 오락 했덩갑디다. 도골이를 불러 가지고 개골이를 불러 가지고,

"내 옥새를 찾아라."

그대로. "객사 지둥 쥐칫돌 밑에다 파고 너(넣어) 있다."고 허니, 나랫님이 보신발로 뛰어가서 거그를 허부제보니(파보니) 과연 옥새가 거가 있덩갑디다. 지 처소로 보내놓고 가마히 생각허니 '저렇고 나는 놈들을 그대로 둬서는 못쓰겄고, 내 수족으로 삼어야 허겄다'하고 수족으로 삼을라고 개골이를 떠억 불렀습니다.

"니 소원이 머시냐?"하고 물으니

"저허고 <u>항꾼에(함께)</u> 온 얘가 내 하인이 아니올시다. 동문학으로 인직까지 그 지신에는 아조 우정헌(다정한) 칭군디 이 내 소원을 그 얘한테 물어서 내 소원을 같이 갈라 주십시오."

"그람 가 물코 오너라."

함평군 엄다면 설화

69. 해바라기

'해바라기'는 국화과의 한해살이풀로서 높이는 2미터 정도이며, 잎은 넓은 달걀 모양인데 가장자리에 굵은 톱니가 있다. 씨는 기름을 짜서 등유로 쓰거나 식용하고 줄기 속은 이뇨, 진해, 지혈에 약재로 쓴다. '향일화(向日花)'라고도 한다.

'해바라기'의 전국적 분포는 크게 3가지 '해바래기', '해자부리', '해가우리'인데, 이름을 보면 해바라기를 대하는 지역민들의 관점이 꽤 흥미롭기만 하다. 어떻게 해서 '해바라기'에 이러한 이름을 부여했는지 그 의미를 더듬어 보자.

■1 해바라기, 해바래기

'해바라기'는 문헌에 비교적 늦게 나타나는데, '히부라기(18세기)', '히바라기(19세기)', '해바릭기(19세기)'와 같은 모습이다.

'히부라기'는 '히(太陽)+부라(望)+기(접미사)'로 이루어진 말임을 쉽게 알 수 있다. 일반적으로 '해바라기'의 머리가 '해를 바라보면서 따라 움직인다'고 생각해서 지어진 이름인데, 사실은 이와는 달리 꽃이 핀 후에는 그냥 그대로 움직이지 않는다고 한다.

'히부라기>히바라기>해바라기>해바래기'와 같은 변화를 겪었음을 짐작할 수 있다.

2 해자부리, 해자우리

'해자부리'는 '해+자불다'에서 온 말인데, '자불다', '자울다'는 여러 방언권에서 '졸다'의 의미를 가진 말이다. 그래서 '해자부리', '해자우리'는 '해바라기'가 마치 해를 바라보고 '자불거리다', '자울거린다(졸고 있다)'고 생각하며 지어진 이름이다. 이 얼마나 재미있는 표현인가.

그 모양의 변화를 보면 '해+자불(자울)'에 명사화 접미사 '-이'가 합하여 '*해자불이>해자볼이>해자우리'로 변한 모습을 생각할 수 있다. '해재부리', '해자바래기' 등은 변화형이다.

3 해가우리

평안도, 황해도의 '해가우리'는 얼른 보면 '해자부리'와 비슷하게 보이나 둘은 전혀 다른 뿌리이다. '해가우리'는 해를 보고 '고개가 갸우뚱하고 (傾)' 있는 모습을 일컫는 의미로 지어진 말이다. '갸우뚱하다'는 한쪽으로 고개가 약간 기울어진 모습을 말하는데, 실제 해바라기는 무거운 고개를 갸우뚱거리는 것처럼 보이기 때문이다.

그렇게 본다면 '해가우리'는 '해+갸울+이'가 '해갸울이>해갸우리>해가우리'로 변해온 말이다. 실제 황해도에서는 '해갸우리'가 보인다.

같은 지역의 '해개우리'는 '해가우리>해개우리'이고, 평안도의 '해구와리'는 '해가우리'의 2-3음절의 모음이 도치되어(ㅜ-ㅏ) '해가우리>해구아리>해구와리'로 변했을 것이다.

4 해바리

경상남도의 '해바리'는 '해+발(旁)+이'로 '해를 향하다'는 의미로 본다. 충청도의 '해바락'도 '해바라기>해바락'으로 축약된 모습이다.

꽃노래

쓰고남는// 도래꽃은

산중마정// 희자졌네

잔망하다// 파리꽃은

야산에도// 희자졌고

희다할수// 저박꽃은

행합따라// 만발하고

누루황천// 호박꽃은

동두래미// 만발하고

키도크다// <u>해바래기(해바라기)</u>

해를따라// 자를놓네

덤불밑에// 무줄호는

덤불우에// 희자졌네

객과청청// 버들잎은

개울마저// 희자졌고

곱다하던// 아가꽃은

둘띠마저// 희자졌네

성주군 대가면 민요

70. 호주머니

거르마니
거르망.개화

거르마니
옆차개.협랑

넙차개
엽착.겻집

넙차개
엽착.협랑

옆차개
거지.개화
개화주머니

옆차개
개쭈머니
개화주머니

옆차개
호주머니

호랭이
봉창

호랭이.호랑
개화주머니

개쭈머니
개와주머니

개비.괴비
개와.개쭈머니

개쭈머니
개줌치.개비

개비.괴비
호랑.개아찜

개와속
개와쌈

'호주머니'와 '주머니'는 사뭇 다른 말이다. '호주머니'는 옷의 일정한 부분에 헝겊을 덧대어 돈, 소지품 따위를 넣도록 만든 부분이고, '주머니'는 자질구레한 물품 따위를 넣어 띠로 허리에 차거나 들고 다니도록 만든 물건. 천이나 가죽 따위로 만든다고 풀이되어 있다.

'호주머니'를 함경도에서는 '거르마니'라고 하고, 평안도, 황해도, 강원도, 경기도에서는 '옆차개', '넙차개'라고 한다. 그리고 경상도를 포함한 남부지역에서는 '개쭈머니', 충청도에서는 '호랭이', 전라도에서는 '개비', 제주도에서는 '개와속'이라고 한다. 이 말들의 유래는 무엇일까?

1 호주머니, 호랭이

우선 표준어 '호주머니'를 보자. 이 말은 '호(胡 오랑캐)에서 들어온 주머니'라는 뜻이다. '호(胡)+주머니'인데 '호'는 대체로 '중국(청나라)'을 말한다.

충청도의 '호랭이'는 한자어 '호랑(胡囊)'에서 온 말이다. 실제 충청도, 전라도에서는 '호주머니'를 그냥 '호랑'이라고도 한다. '호랑'은 '중국 오랑캐에서 온 주머니'를 의미한다(胡 오랑캐 호, 囊 주머니 랑). 그래서 '호랭이'는 '호랑'에 접미사 '-이'가 붙어 '호랑+이'가 '호랑이>호랭이'로 변한 말이다.

2 개쭈머니, 개와속

경상도의 '개쭈머니'는 원래 '개화주머니'라는 말에서 나왔다. '개화(開化)+주머니'의 합성어인데, 조선 말 '개화기'에 양복에다 '주머니'를 직접 달았다고 해서 이를 '개화주머니'라고 불렀다. 원래 한복에는 '주머니'가 지금처럼 옷에 달린 것이 아니라 따로 차고 다니며 거기에 돈이나 물건을 넣고 허리에 차고 다녔는데 개화기에 옷에 붙이는 주머니가 생겨난 것이다. 그래서 '개화+주머니'가 '개화주머니>개와주머니>개쭈머니'로 변한 말이다.

또 전라도의 '개와찜'은 '개화주머니>개와쭘>개와찜'으로 보인다. 제주에서는 '개와속', '개와쌈'이라고 하는데, 방언권에 따라 그냥 '개와'라고도 한다.

3 개비

전라도, 경상도에서는 '개비', '괴비'라는 말을 많이 사용하는데, 이는 물건을 담는 '그릇이나 상자'를 의미하는 '갑(匣)'에 접미사 '-이'가 합한 '갑이'가 '가비(갑이)>개비', 또는 '괴비'로 변한 말로 볼 수 있다. 그래서 '개비', '괴비'는 옷에 붙어 있으면서 '갑(지갑)처럼 물건을 담는 곳'이라는 뜻이다.

4 옆차게, 넙차개

'호주머니'가 주로 바로 옷의 옆부분에 붙어 있에 때문에 이것을 이름하여 '옆에 차고 다니다'는 의미로 '옆차개'라는 말이 만들어진 것으로 보인다. 혹은 예전에 옆에 차고 다니던 '호주머니'가 나오기 이전에 따로 옆에 차고 다니던 '주머니'를 그대로 '호주머니'에도 적용하지 않았을까 생각된다. 평안도의 '넙차개'는 아직 '옆차개'로 두음법칙이 되지 않은 모습이다. '엽착'이라고도 한다.

5 거르마니

함경도의 '거르마니', '거르망'은 '귀주머니'의 북한 방언이다. '귀주머니'란 '네모진 주머니의 양쪽에 약간 귀가 나게 만든 주머니'를 말한다. '거르마니'는 러시아어 karman(호주머니)에서 온 말이다.

현장 구술 담화: 전라남도편

거짓말 잘하는 사위 구한 장인

어뜬 놈이 즈그 딸 하나를 두고 사우를 고른디, "아무라도 내 옆에 와서 거짓말 석 자리를(3번) 잘 허는 놈 있으며는 무조건 딸을 준다." 이렇게 소문을 냈단 말이여. 그래 밸 놈이 와서 단 두 자리까지는 거짓말, 그거 거짓말이다, 낸중에는 거짓말이 되얐건 참말이 되았건 "애잇 그것 참말이다." 그래 버리면 그만이여. 그래 그 소리를 듣고 어떤 놈이 찾아갔어.<중략>

(마지막 거짓말)한 자리가 남았단 말이여. 그래서 <u>괴비(호주머니)</u>에서 뿌시럭 뿌시럭 해갖고 허드니, 아 뭔 차용증을 하나 딱 내놔. 아 그런디 본께 옛날 돈으로 수백 냥이여. 아 영감이 보니께 이놈을 거짓말이라 허자니 딸을 주게 생겼고 참말이라 허자니 지 재산이 어긋나게 생겼고 이도 저도 못하것어. 그래 할 수 없이 '니가 왈 내 사우감이다.' 그래 딸을 줘부렀드라요.

보성군 보성읍 설화

71. 황소

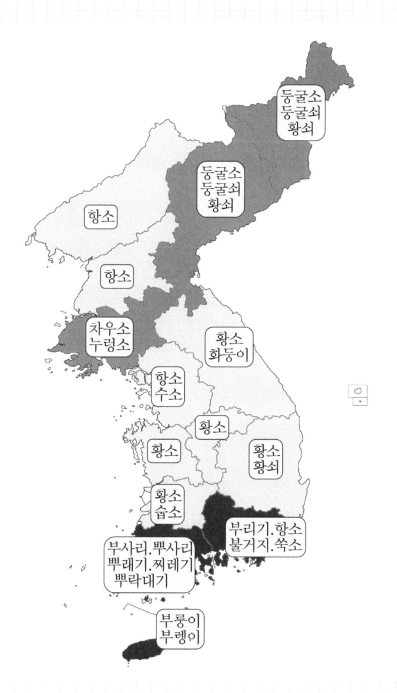

둥굴소
둥굴쇠
황쇠

둥굴소
둥굴쇠
황쇠

항소

항소

황소
화둥이

차우소
누렁소

항소
수소

황소

황소
황쇠

황소

황소
습소

부리기.항소
불거지.쑥소

부사리.뿌사리
뿌래기.찌레기
뿌락대기

부룽이
부렝이

우리말 변화의 모습
• 한쇼(15~18세기)
• 황소(19세기~현재)

우직한 농부를 대변하는 말로 황소같은 고집이라고 말하기도 한다. 어릴 적 거칠어 다루기 힘든 '황소'를 주인이 가까스로 고삺으로 몰고 가는 위태로운 장면을 바라보던 추억은 그 후로 다시 재연되지 않았다.

'황소'는 '큰 수소'를 말하며 '황우'라고도 한다. '황소'를 전국 대부분의 지역에서 '황소', '황쇠'라고 하고 경기도, 충청도 등지에서 '수소', '숫소'라고 부른다. 그리고 함경도에서는 '둥글소'라는 말을 사용하고 황해도에서는 '차우소'라고 한다. 그리고 전라도, 경상도, 제주도 등의 남부지역에서 '부사리', '부리기', '부룽이'라는 말도 쓰인다. 이 말들은 어떻게 생겨났을까?

1 황소, 항소

표준어 '황소'의 옛말인 '한쇼'는 15세기 문헌에서부터 나타났다. '한쇼'의 '한'은 '한길(大路)', '한숨(탄식)'에서와 같이 '크다'는 뜻을 가진 말이었다. 그래서 '한쇼>한소>황소'가 되었다.

그래서 '황소'는 '큰 소'라는 뜻이었다. 이것은 '황새'가 원래 '큰 새'라는 의미로 '한새'였던 것이 '한새>황새'로 바뀐 모습과 같다. 자칫 '황소'를 '누런 소'로 착각하기 쉽다.

함경도의 '황쇠', 평안도의 '항소'는 변이형이다.

'소의 수컷'을 말하는 표준어는 '숫소'가 아닌 '수소'인데 표준발음은 [수소]이다. 만약 [순쏘]로 발음된다면 '숫쥐[순쮜]'처럼 사이시옷이 붙어 '숫소'로 표기해야 옳을 것이다. 표준어 '수놈(雄)' 역시 마찬가지로 [순놈]이 아닌 [수놈]으로 발음해야 한다.

'수'에 ㅅ이 붙은 말은 '숫양', '숫염소', '숫쥐' 3개 뿐이다.

② 부리기, 부사리, 부룽이

경상도의 '부리기'는 '작은 수소'를 말하는 표준어의 '부룩소', '엇부루기'와 같은 뿌리라고 볼 수 있을 듯하다.

이들이 공통적으로 가지고 있는 '불'의 의미를 끄집어낸다면, '불'은 수놈으로서의 '종자(種子)'나 '씨'를 뜻하는 '불알(고환)'과 같은 '불(陰囊 음낭)'의 의미를 가졌다는 견해가 우세하다.

그래서 '부리기'는 '부래기(불+애기)>부리기'로서 '불'에 '어리다'는 뜻의 접미사 '-애기'가 붙어 원래는 '어린 수소'를 말하였는데, 차츰 커다란 '황소'의 의미로 전이된 듯하다.

전라도의 '뿌사리(부사리)' 역시 '불+ㅅ+아리'로서 '병아리'에서 보는 '-아리(작다)'가 붙은 말로서 '부래기'와 같은 경우이다.

제주도의 '부룽이' 역시 위와 같은 '불'을 가진 말일 것이다.

그런데 전라남도의 '뿌락대기', '부락대기'는 조금 다를 것 같다. '뿔(角)'에 '-악대기'라는 접미사가 첨가된 말로 볼 수 있기 때문이다. 이 '-악대기'는 '강렬한', '아주 세찬' 인상을 주는데 '소락대기(소리+악대기)', '쏘낙대기(소나+악대기)'에서 볼 수 있다. 그래서 '뿌락대기'는 '뿔이 강렬한 소'라는 의미를 지닌 말일 것이다.

3 둥굴소, 차우소

'둥굴소'는 '소가 아주 커서 몸집이 둥그렇게 생겼다'는 의미일 것이다. 함경북도에서는 '동글소'라고 하기도 하는 것을 보아서도 그럴 가능성이 크다. '차우소'는 '차(車)를 끄는 소'라는 뜻으로 해설하는 견해가 있다.

현장 구술 담화: 전라남도편

비상한 꼬마 도둑

옛날의 포돗이(겨우) 그저 넘(남)의 집의 쪽박은 안들고 다니는 사람이여. 아 즈그 아버지가 소를 한 마리 팔러고 가. 그렇게 인자 소릿길(오솔길)로 인자 한아버지쯤 된 아버지가 소를 인자 큰 뿌사리(황소)를 팔러 가는디, 즈그 열 살 먹은 아들이 헌단 말이,

"아버지!" "왜?" "소를 팔아서 어쩌고 돈을 갖고 오실라요?"

"호박을 가운데를 딱 이렇게 도라서 칼로 딱 따서 꼭지 지드렁이(길게) 놔 두고 그래갖고는 속을 싹 파부리고, 수저(숟가락)로 파뿌리고, 그놈을 띠빵(멜방)을 사내끼(새끼)로 해서 짊어지고 인자 아빠는 소를 몰고 가고 저는 뒤에 따라갈랍니다."

"첨(참) 너 아빠보단 더 영리허다."

장성군 황룡면 설화

72. 회오리바람

돌개바람

돌개바람

돌개바람

돌개바람

회리바람

돌개바람
회리바람

회오리바람
회리바람

회리바람
소소리바람

회오리바람

호드락바람
돌개바람

소소리바람

소소리바람
쏙소리바람

호드락바람
소시락바람
돌개바람

돗팽이

'회오리바람'은 갑자기 생긴 저기압 주변으로 한꺼번에 모여든 공기가 나선 모양으로 일으키는 선회(旋回) 운동을 말하며, 다른 표준어로 '돌개바람', '선풍', '회선풍'이라고도 한다.

'회오리바람'이 불어 닥치면 아무도 예측할 수 없는 결과를 낳는다. 농작물의 막대한 피해는 물론이고 민가의 지붕까지 단숨에 절단낼 수 있는 위력을 지녔기 때문이다. 물론 미국 중부의 '토네이도'와는 비교할 수 없겠지만 말이다.

전국적으로 크게 '회오리바람', '소소리바람', '돌개바람', '호드락바람', '돗괭이' 등의 모습으로 나타난다. 이 말들은 어떻게 생겨났을까?

1 회오리바람, 회리바람

표준어 '회오리바람'의 옛말은 '회로리ᄇᄅᆞᆷ', '회호리ᄇ람' 등으로 나타난다. 이 말은 둘 다 '회전(回傳)'의 의미를 가진 '선풍(旋 돌 선, 風 바람 풍)'으로 '회(돌다)+오르(上乘)+이(접미사)'로 이루어진, '돌면서 오르는 바람' 정도로 풀이된다. 주로 중부방언에서 보이는 '회리바람', '해리바람'은 '회오리바람'의 음운변화형이다.

2 소소리바람

전라도에서 사용하는 '소소리바람'의 '소소리'는 '솟아오른다'는 의미를 갖는 '솟'과 '위로 오른다(乘)'는 '올(오르)'에 접미사 '-이'가 붙어 '솟올이(솟+올+이)>소소리'가 된 말임을 짐작할 수 있다. '솟'은 '솟을대문', '솟구치다' 등에서도 볼 수 있다. 같은 지역의 '쏙서리바람'도 이 '소소리'가 음운변이를 일으킨 말이다.

'회오리바람'은 바람이 부는 모습이나 그 특징이 '돌아오르다'에 초점이 맞추어져 있고, '소소리바람'은 '솟아오르다'는 의미가 강조된 말이다. 참고로 표준어의 '소소리바람'은 다른 뜻인 '이른 봄에 살 속으로 스며드는 듯한 차고 매서운 바람'으로만 풀이되어 있다.

③ 돌개바람

북한 전역과 강원도, 경상도에서는 주로 '돌개바람', '도래바람'이라고 하는데 '돌개바람'은 '돌면서 부는 바람', 즉 표준어 '선풍(旋 돌 선, 風 바람 풍)'의 뜻임을 쉽게 짐작할 수 있다. '돌개'의 '-개'는 '번개', '덮개'에서 볼 수 있는 접미사이다. '도는 것'이라는 의미에 '바람'이 더해져서 '돌면서 부는 바람'이라고 볼 수 있다.

④ 호드락바람

경상도에서 쓰이는 '호드락바람'과 관련되어 '공기가 어떤 공간에서 빙글빙글 돌다'는 의미로 '회돌다(回~)'라는 말이 있는데, '호드락바람'은 '회돌+악(접미사)+바람(風)'으로 생겨나 '회돌악바람>호드락바람'으로 변한 말일 것이라 생각된다.

⑤ 돗괭이

제주도의 '돗괭이'는 '종잡을 수 없는 바람'으로 보아 '돗+괭이'로 볼 수 있는데, 이때 '돗'은 '도깨비'에서 볼 수 있는 '돗(幻影 환영, 심한 변덕)'의 의미를 가진 듯하다.(앞의 22번 도깨비 참고) 경상남도에 이러한 바람을 일러 '구신바람'이라는 말이 있듯이 방향 없이 부는 '회오리바람'을 이렇게 불렀을 것이라 생각된다. 북한에서도 이와 같은 형태 '돗깽이바람'이라는 말이 쓰인다.

돌이 변한 여인과 살다 임금된 총각

"이 사람아, 자네가 보고 저와(보고 싶어) 들에 가 일을 하이 일이 안되네." "내가 사진을 베끼 줄테이 그 사진을 밭머리 갖다 꼽아 놓고는 날 보고 접거든 한번섹 걷더보고 조석 때가 되그던 집을 찾아오시오." 그래가주고 한 사날 가주 댕기다 보이께네 할루는 밭머리에 꼽아논 사진짝이 난데없는 <u>돌개바람(회오리바람)</u>이 불디마는 획 빼가주고, 공중에 떠나 지망(방향)이 없이 갔부렀어.

"이 사람, 자네 베끼 주던 사진짝이 난데 없는 <u>돌개바람(회오리바람)</u>이 부디 공중으로 떠나가는데, 어디로 간 지망을 모를세." "큰일났소! 그게 어디가 떨어졌는지 아오. 당신! 임금님 마당에 가 떨어졌는데 몇 달이 있으마 이 골짜기 골이 비잡게(비좁게) 사람이 들어 옵니다. 그날 그시 되도록만 우리가 사다 봅시다." <중략>

그이 이 여석이 고만에 이눔이 임금 앉던 자리에 넝큼 뛰어 올라가 앉아부네. 앉이이 그 시에는 고만에 둘 그 사람들이 임금질하고 그래 한평생 잘 사다가 어제 아래 죽었데.

예천군 호명면 설화

| 참고문헌 |

1. 사전류

17세기 국어사전(홍윤표 외, 1995), 태학사

고어사전(남광우, 2021), 교학사

국어 어원사전(서정범, 2000), 보고사

국어 어원사전(김무림, 2020), 지식과교양

두만강 유역의 조선어 방언사전(곽충구, 2019), 태학사

방언사전(김병제, 1980), 과학, 백과사전출판사

방언자료집(서울대학교 국어국문학과 국어학연구실, 1996)

비교언어학적 어원사전(강길운, 1991), 형설출판사

어원사전(안옥규, 1996), 한국문화사

우리말 어원사전(김민수, 1997), 태학사

우리말 어원사전(백문식, 2014), 박이정

우리말큰사전(1992, 한글학회), 어문각

자료편 평안방언연구(김영배, 1997), 태학사

전남방언(이돈주, 1978), 형설출판사

전남방언사전(이기갑 외, 1998), 태학사

제주어사전(제주특별자치도, 2009), 일신옵셋인쇄사

조선말대사전(1992, 사회과학원언어학연구소), 사회과학출판사

조선문화어사전(사회과학원 언어학연구소, 1973), 평양:사회과학출판사, 서울:아리랑(1989)

조선어방언사전(리윤규 외, 1992), 연변:연변인민출판사

조선어방언의 연구 下(소창진평, 1944), 동경:岩破書店

증보한국방언사전(1990, 최학근), 명문당

평북방언사전(김이협, 1979), 한국정신문화연구원

표준국어대사전(1999, 국립국어원), 두산동아

한국 땅이름 큰사전(한글학회, 1991가~다)

한국방언연구(김형규, 1982), 서울대학교출판부

한국방언자료집 I ~IX(한국정신문화연구원, 1986~1995)

한불자전(파리외방선교회 한국선교단, 1880)

함북방언사전(김태균, 1986), 경기대학교출판국

2. 참고서적

경북방언의 지리언어학(김덕호, 2001), 월인

국어어원 '샌님'과 '스님' 외(홍윤표, 2002), 새국어소식 44-89

국어어원론(조항범, 2009), 충북대학교 출판부

국어어휘사연구(이기문, 1991), 동아출판사

국어조어론고(이숭녕, 1961), 을유문화사

방언을 지도에 입히다(이상규, 2019), 민속원

새콤달콤한 우리방언(신승원, 2014), 역락

어원, 국어 어원연구 총설(1)(심재기, 1994), 태학사

영동, 영서의 언어분화(이익섭,1981), 서울대학교출판부

우리옛말본(허웅, 1975), 샘문화사

조선말의 어원을 찾아서(한진건, 1990), 연변인문출판사

전남,경남 접경지역의 언어연구(위평량, 2000), 전남대박사논문

전라남도의 언어지리(이기갑, 1986), 태학사

전라도말의 뿌리(위평량, 2020), 북트리

전라북도 방언연구(이태영, 2011), 역락

조선고가연구(양주동, 1942), 박문서관

조선방언학시고, 협어고(河野六郎, 1945), 전남대출판부(2012)

한국구비문학대계(한국정신문화연구원, 1980년~1992년)

한국어 방언연구의 실제(최명옥, 1998), 태학사

함북북부지역어 연구(최명옥 외, 2002), 태학사

현장 방언과 문헌 방언 연구(백두현, 2020), 역락

황해도 방언연구(황대화, 2007), 한국문화사

| 찾아보기 방언 |

내 고향 사투리의 뿌리 팔도 말모이

1판 1쇄 발행 2022년 03월 02일
1판 3쇄 발행 2024년 07월 30일
저   자 위평량
발 행 인 이범만
발 행 처 **21세기사** (제406-2004-00015호)
        경기도 파주시 산남로 72-16(10882)
        Tel. 031-942-7861   Fax. 031-942-7864
        E-mail : 21cbook@naver.com
        Home-page : www.21cbook.co.kr
        ISBN 979-11-6833-013-9

정가 20,000원